中国耕地利用变化、驱动与管理对策研究

曹银贵　周　伟　宋　蕾　王文旭　苏锐清　等著

中国农业大学出版社
·北京·

内 容 简 介

本书立足中国耕地利用管理，分析了中国耕地利用变化研究的概况，系统梳理了中国耕地利用管理的政策，对比分析了耕地利用变化的驱动力机理及在特征、驱动、模拟层面各种方法的优势与劣势，并开展了中国的耕地利用变化与模拟研究。另外，本书选择了青海省、三峡库区、重庆市作为案例区，开展了耕地利用变化特征、驱动及管理对策研究。本书的研究成果可为中国及区域耕地利用管理提供决策支持，对于缓解中国及区域耕地保护压力具有重要意义。

本书可供土地开发、利用、管理等方面的科研人员、管理人员，以及高等院校相关专业的师生参考阅读。

图书在版编目(CIP)数据

中国耕地利用变化、驱动与管理对策研究/曹银贵等著.—北京：中国农业大学出版社，2019.11

ISBN 978-7-5655-2277-2

Ⅰ.①中…　Ⅱ.①曹…　Ⅲ.①耕地利用-研究-中国　Ⅳ.①F323.211

中国版本图书馆 CIP 数据核字(2019)第 213610 号

书　名　中国耕地利用变化、驱动与管理对策研究

作　者　曹银贵　周　伟　宋　蕾　王文旭　苏锐清　等著

策划编辑　张　玉　　**责任编辑**　张　玉

封面设计　郑　川

出版发行　中国农业大学出版社

社　址　北京市海淀区学清路甲 38 号　　**邮政编码**　100083

电　话　发行部 010-62818525，8625　　读者服务部 010-62732336

编辑部 010-62732617，2618　　出　版　部 010-62733440

网　址　http://www.caupress.cn　　**E-mail**　cbsszs@cau.edu.cn

经　销　新华书店

印　刷　北京时代华都印刷有限公司

版　次　2019 年 11 月第 1 版　　2019 年 11 月第 1 次印刷

规　格　787×980　　16 开本　　10.5 印张　　190 千字

定　价　46.00 元

编著人员

（按姓氏拼音排序）

曹银贵　杜新波　何　灏　景　明

邱　敏　宋　蕾　苏锐清　司慧娟

王文旭　许婧雪　于　天　周　伟

前　言

土地利用/覆被变化能够将人类活动对环境变化的影响直接表现出来，在全球生态、资源和环境变化问题日益突出的背景下逐渐成为研究的前沿和重点。在自然资源方面，土地利用/覆被变化可以对陆地表层物质循环等进行干扰，使其在时间和空间尺度下呈现不同影响效应。同时，社会经济、政策实施等也对土地利用/覆被变化造成一定的影响。其中，作为人类最普遍的土地利用形式之一，农业用地占据全球地表面积的30%，不仅在保障粮食安全等方面发挥作用，还对调节气候变化等发挥一定的生态功能。

耕地是中国最为宝贵的资源，是国家粮食安全的基础，也是生态系统的重要组成部分。中国人口众多，在城镇化进程中，耕地利用变化对资源环境、社会经济发展以及生态保障等问题产生了深远的影响。改革开放以来，中国政府对农业发展给予高度重视，不断对农业结构进行战略性调控，夯实农业发展的基础地位。针对全国耕地利用及管理的问题与特征，中国政府出台了一系列耕地保护政策与管理对策。然而，随着中国城市化与工业化的快速发展，人口总量持续增加，耕地资源的利用与保护也受到紧迫的压力。1996—2006年，中国的耕地面积由1.30亿 hm^2 减少至1.22亿 hm^2，经济的快速增长及城镇化进程的加速，导致中国耕地资源大量流失于建设开发中，人地矛盾日趋尖锐。而根据第二次全国土地调查数据结果显示，2009年中国耕地面积增至1.35亿 hm^2，虽然数量上有大幅度提升，但在农业劳动力成本不断上涨的背景下，耕地撂荒等耕地边际化现象日趋严重，再一次将耕地研究热度提升。耕地流失既是中国政府和社会必须面临的挑战，也是人口大国对全球粮食安全和社会稳定的重大责任之一。

党的十八大以来，耕地保护已上升至一个新的战略高度。2015年习近平总书记指出“要实行最严格的耕地保护制度，依法依规做好耕地占补平衡，规范有序推进农村土地流转，像保护大熊猫一样保护耕地。”党的十九大报告提出，要严格保护耕地，确保国家粮食安全，“把中国人的饭碗牢牢端在自己手中”。另外，生态文明建设也对耕地保护工作提出了更高标准，要更好地发挥耕地的生态功能。随着中国工业化、城镇化及生态退耕工作的不断推进，耕地保护的压力仍未缓解。

本书立足中国及区域耕地保护压力，通过分析耕地时空变化特征及驱动机制，从而制订相应的耕地利用管理对策，为中国及区域耕地利用管理提供决策支持，对于缓解中国及区域耕地保护压力具有重要意义。

本书共分十章。第一章是中国耕地利用变化研究概况，分析了耕地利用变化研究的文献特征、热点特征、尺度特征、区域特征、文献来源特征。第二章是中国耕地保护政策研究：背景、效果与未来趋势，阐述了耕地保护政策的历史沿革、数量保护效果、质量保护效果及保护政策未来趋势。第三章是中国耕地利用变化驱动机理研究，分析了耕地利用变化驱动力研究趋势、驱动因子机理、驱动因子区域差异性。第四章是中国耕地利用变化研究方法分析，总结了变化特征分析的方法、驱动力分析的方法、变化模拟的方法。第五章是中国耕地利用变化、驱动与模拟研究，分析了耕地利用变化的特征，对比了不同区域驱动因子的差异性，并模拟了耕地利用数量变化。第六章是青海省耕地利用变化与管理对策研究，分析了耕地利用变化的数量特征、区域特征，理清了青海省耕地利用变化的驱动力，结合驱动力研究制订了相应的管理对策。第七章是三峡库区耕地利用变化与模拟研究，分析了耕地利用动态变化特征，解析了耕地利用变化的驱动力，并实现了耕地利用变化模拟。第八章是重庆市耕地利用变化与管理对策研究，分析了不同尺度耕地利用变化的趋势，利用多层线性模型解析了不同空间尺度耕地利用变化驱动的差异，并制订了不同空间尺度下的耕地利用管理对策。第九章是重庆市快速城镇化地区耕地利用变化与管理对策研究，分析了不同区域耕地利用变化的特征，采用引力学模型，分析了引力大小与耕地利用变化的关系，在对比分析变化特征与驱动力的基础上，制订了相应的管理对策。第十章是重庆市长寿区耕地利用变化与管理对策研究，分析了长寿区耕地利用变化的特征，采用社会系统动力学模型，分析了耕地利用变化的驱动过程，并在耕地利用变化情景模拟的基础上制定了相应的管理对策。由于数据与资料的缺少，此次研究不涉及港、澳、台地区。

耕地利用管理是一个复杂的系统工程，需要在继续坚守耕地保护红线的基础上，加强耕地的质量管理与生态管理，真正实现耕地的数量、质量、生态“三位一体”管理。在新形势、新要求下，耕地利用管理工作任重而道远。本书重点是针对数量管理开展的研究，鉴于作者知识、能力和研究水平的局限，书中难免存在不妥、疏漏乃至错误之处，敬请同仁批评指正。另外，本书的主要研究成果受到了教育部人文社会科学研究一般项目(15YJC630005)、北京市社会科学基金项目(17GLC063)及中央高校基本科研业务费优秀教师基金项目(2-9-2018-025)的资助。

曹银贵

2019年6月25日

目　录

1　中国耕地利用变化研究概况

1.1　引言

土地利用/覆被变化(LUCC)在全球生态、资源和环境变化问题日益突出的背景下逐渐成为全球变化研究的前沿和重点(封志明等,2005;曹银贵等,2008),而耕地作为人类最宝贵的自然资源之一,不仅具有一定的生态功能,还肩负着保障粮食安全乃至国家安全的重任(李秀彬,1996;曹银贵等,2013;张冠华等,2017)。因此,耕地利用变化也随之成为土地利用变化研究的重要组成部分。

改革开放以来,中国的城市化和工业化快速发展,经济总量不断提升,人口数量日趋增长,耕地资源始终处于紧张态势(谈明洪和吕昌河,2005)。根据2002—2014年中国统计年鉴的数据资料可知,中国耕地面积的减少主要受到生态退耕、农业结构调整、建设占用、灾毁这4个方面的影响,在此期间4个影响因素的比例变化如图1-1所示。在2002—2006年,也就是退耕还林全面实行前期,生态退耕逐渐成为了耕地减少的主要因素(叶剑平,2015;易玲等,2013;许丽丽等,2015),而在2007—2014年间,由于中国城镇化进程加快,东部发达地区经济增长迅速且后备土地资源不足等,建设占用耕地的比例逐渐上升并占据主体地位(Zhang和Liu,2001)。与此同时,自然灾害、人为撂荒等现象的存在,也使得农业结构调整和灾毁耕地的影响因素逐渐成为耕地减少影响因素的重要组成部分(李升发和李秀彬,2016;赵连武,2009),且占据比例趋于稳定。针对中国耕地面积变化的特征,中国政府相继出台一系列耕地保护政策与管理对策,例如把"十分珍惜、合理利用土地和切实保护耕地"定为基本国策,并于1998年写入《中华人民共和国土地管理法》,提出"严守18亿亩耕地红线""确保国家粮食安全,像保护大熊猫一样保护耕地"和"保护耕地就是保护我们的生命线"等,使得中国耕地面积减少速率逐渐下降。除政策影响以外,对中国耕地数量变化影响最大的西北地区,也通过提高农业技术的投入,完善农田水利设施使得耕地减少面积与当年增加面积逐渐实现占补平衡,为进一步稳定中国耕地数量做出贡献(张效军等,2007)。

在实行最严格耕地保护制度的背景下,了解耕地利用现状,剖析热点研究区域

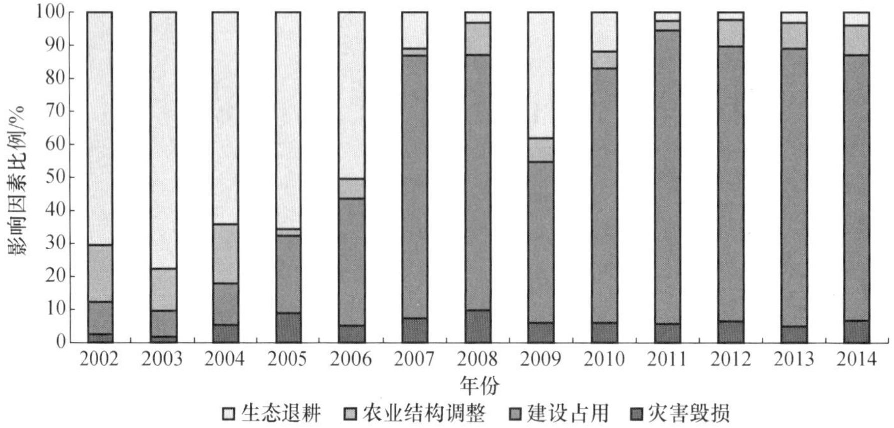

图 1-1 耕地减少的各影响因素比例

（耕地面积数据来自中国国土资源公报）

的耕地利用变化及其驱动因子，对于分析粮食安全，更好地保护耕地等具有重要意义。黄贤金等(1999)通过对经济发展、投资增长、人口增加与耕地资源动态变化建立动态回归模型，对耕地利用变化驱动机制进行分析，并对耕地资源保有量进行预测，为制定下一步耕地保护政策提供相关理论依据。李秀彬(1999)利用国家、省、县三级行政单位的普查数据分析中国近 20 年耕地面积变化情况和土地政策执行结果，指出中国耕地数量锐减和质量严重退化的严峻形势，并阐述实行最严格的耕地利用管理政策的必要性。吴大放等(2010)通过文献分析法对中国耕地数量、质量和空间变化的研究进展进行分析，提出多尺度构建具有空间、动态性的综合模型是今后耕地利用变化研究的重点。李智国等(2010)通过文献回顾法对中国耕地利用变化与城市化发展关系的研究成果进行综述，进一步提高人们对耕地利用和粮食安全的关注。通过研究发现，虽然耕地相关主题研究成果丰富，但研究多以具体区域耕地数量变化与驱动力研究为主(贾绍凤等，1997；刘耀林等，2004)，而基于文献开展耕地利用变化研究的成果较少，尤其是针对文献数量、研究区域与文献来源 3 方面。鉴于此，本章对中国 2002—2016 年耕地利用变化相关文献进行检索和分析，根据不同时期耕地利用变化特征的差异性与耕地保护政策出台的时期进行对比分析，对耕地利用变化的研究领域、研究尺度、研究内容、研究热点等进行深入探究，以期对中国耕地利用变化的研究态势和研究进展进行剖析，有利于研究者对耕地利用变化的相关热点进行把握，为逐步完善耕地利用变化的研究体系提供参考。

1.2 耕地利用变化研究文献特征分析

以中国期刊全文数据库(CNKI)为研究载体,围绕"耕地利用变化"的研究主题做文献统计分析,文献类型主要来自学术期刊、博硕士学位论文、国内会议论文和国内重要报纸等,其中以学术期刊为主要研究对象。以"耕地利用变化"为检索词,按照"主题词""篇名""关键词"对相关文献进行检索分析(表1-1)。再对检索出的文献按照研究区域、发表时间、刊载期刊名称和研究机构等进行统计与比较,进一步筛选出与耕地利用变化密切相关的论文(张庶等,2014)。通过初步文献检索可知按照"主题词"进行检索的文献数量最多,因此对耕地利用变化的相关文献分析中,均按照"主题词"检索结果进行对比分析。

表1-1 耕地利用变化相关文献数据统计

CNKI数据库	篇名/篇	关键词/篇	主题词/篇	文献收录起始年份
全部相关文献	423	343	1 370	1983—2017
学术期刊	352	292	940	1983—2017
博硕士学位论文	33	33	344	2000—2017
国内会议论文、报纸等	39	18	87	1992—2017

通过检索主题词为"耕地利用变化"的文献可知,文献类型以学术期刊为主,占全部文献数量的68%;其次为博硕士学位论文,占文献数量的25%;会议论文和报纸数量相对较少,占文献数量的7%。从CNKI检索的相关文献数量来看,2002年耕地利用变化文献研究数量为17篇,相关研究的文献数量首次突破个位数,之后对于耕地利用变化的文献研究数量呈现迅速增长趋势。本章主要选取2002年(即2002年1月1日)至2016年(即2016年12月31日)期间的文献进行统计分析,包括1 296篇文献,869篇学术期刊,343篇博硕士论文和84篇重要报纸及会议论文等。

2002—2005年期间,在全面实行"退耕还林"(闫慧敏等,2012),粮食直补(孙蕊等,2014)、最严格的耕地保护(刘彦随等,2014)与粮食安全保障(臧文如,2012)等政策的影响下,中国耕地保护逐渐成为全国关注的焦点,耕地面积变化趋势由快速下降逐渐转为缓慢减少,"耕地利用变化"研究的文献数量也随之呈现迅速增长趋势。而2006年,在中国提出"耕地红线"(陈娜等,2014)、完全废除"农业税"(车国庆,2005)等措施后,中国耕地保护工作逐渐进入成熟期,对"耕地利用变化"研究的文献数量均有大幅度提升。其中,文献的研究方法和研究尺度等更趋于多元化,对耕地利用变化的研究也摆脱了单一的时间或空间上的分析，逐渐出现数量与质量相结合，对耕地利用变化的驱动机制以及所引起的粮食安全等多元问题进行探讨的文章。2007—2011年，耕地研究文献数量呈现波动上升状态，仅2008年全年文献数量就高达128篇，出现文献数量的第一个峰值(图1-2)。在2009年，即第二次全国土地调查结束后，中国耕地面积的统计数据出现大幅度增加，主要是调查方法、技术水平和信息准确度等的变化所致，而中国实际耕地面积并未有大幅度变化(谭永忠等，2017)，随之而来，耕地研究的文献数量也出现波动增长趋势并在2010年达到第二个峰值，高达133篇。而在2011年之后，中国耕地面积整体趋于平稳状态，耕地研究文献数量也随之小有回落，由于该阶段的研究多以10年以上研究期为主，所得结论具有预测性和前瞻性，加之研究过程和方法缺少创新性，使得对耕地利用变化的研究热情有所减弱，距离下一个巅峰研究期仍有一段时间。

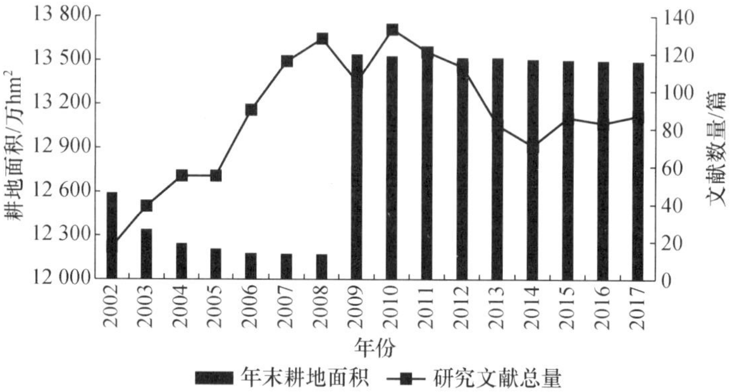

图1-2 2002—2016年中国耕地面积与文献数量变化对比图

(2002—2008年耕地面积基于第一次全国土地调查，2009—2016年耕地面积基于第二次全国土地调查)

1.3 耕地利用变化研究热点特征分析

将检索后的耕地研究文献按照研究内容分为以下10类，分别为：研究进展与综述、政策背景与实施反馈、生态效应、粮食安全、影响因素与驱动机制、变化趋势与预测、数据分析方法、城市化与工业化、耕地保护与管理对策、3S技术。各类型耕地利用变化研究的文献数量对比如图1-3所示。

通过对这10类不同研究类型的文献进行统计分析可知，研究进展与综述的文章较少，仅有6篇，且研究时间较久远，对现时段中国耕地利用变化的研究指导意义较小。政策背景与实施反馈的研究文章也比较少，仅有7篇，因政策研究难以用

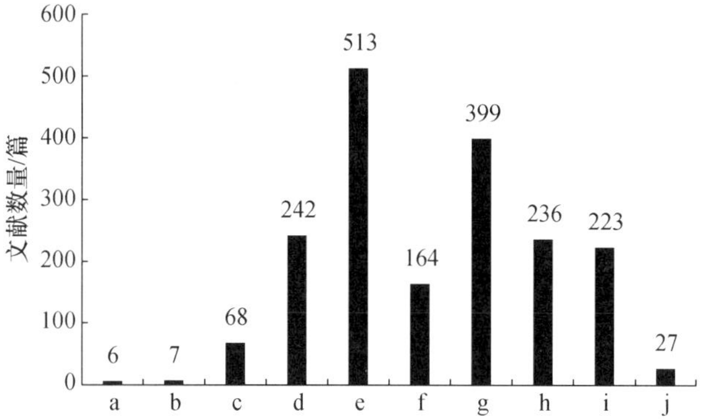

图 1-3 不同类型耕地利用变化研究文献数量对比

a. 研究进展与综述 b. 政策背景与实施反馈 c. 生态效应 d. 粮食安全
e. 影响因素与驱动机制 f. 变化趋势与预测 g. 数据分析方法
h. 城市化、工业化发展 i. 耕地保护与管理对策 j. 3S 技术

定量的方法进行衡量，在耕地利用变化的相关研究文献中政策因素大多体现在驱动机制的研究中，很少直接作为研究的切入点对耕地利用变化进行分析（曹雪等，2014）。

在所有的耕地利用变化研究文献中，几乎都对引起耕地利用变化的影响因素进行了探讨并分析其原因，对耕地利用变化的影响因素与驱动机制的研究始终作为主流研究方向。这是由于 2000—2003 年期间中国粮食产量出现大幅度下降，耕地面积持续降低等矛盾十分突出（于东波，2015），对耕地利用变化的驱动因子进行分析迫在眉睫。陈佑启等（2000）首次利用 GIS 模型对耕地利用变化引起的粮食播种面积及生产量等进行分析，将耕地利用变化引发的粮食安全等问题推向研究高潮，对引起耕地利用变化的驱动因子进行定性与定量的研究以保障粮食安全、维护社会稳定逐渐成为耕地利用变化研究领域的热点话题。

在对驱动机制进行研究的文献中，有近 300 篇文献通过对耕地利用变化影响因素采用定量分析方法，如主成分分析法（郑海霞等，2007；Cao 等，2013；周翼虎等，2016）、STIRPAT（王琳等，2008；郭雅雯和赵敏娟，2012）等方法来定性判断其驱动因子，为进一步制定耕地保护措施提供了决策依据。石瑞香等（2000）首次利用主成分分析法针对农牧交错区的耕地利用变化驱动因子进行探讨，之后基于主成分分析法、因子分析法等传统方法进行驱动力研究的文献数量逐渐增多。但由于前期研究中大多数采用主成分分析法或多元线性回归分析法等对驱动因素进行定量分析，缺乏方法上的创新，从 2011 年起基于单一的数据分析方法对驱动因子进行探讨的文献数量逐渐减少，而基于多种非线性数学方法，如 BP 神经网络（曹银贵等，2007）、元胞自动机（胡茂桂等，2007）等建立的组合模型对驱动机制进行模拟和耕地利用变化预测的文献数量逐渐上升并成为研究热点。

而在经济持续发展，空间结构得到重构的背景下（车明亮等，2010；Long 和 Ulgiati，2016），中国城市化发展被推向了社会经济发展的战略性地位，对耕地利用变化的研究也逐渐考虑到不同城市化进程的影响，尤其是 2007—2014 年间，中国城市化率增长加速，给中国资源及环境等都带来前所未有的压力，新形势下对耕地利用变化的研究领域也逐渐扩展多元化（Quan 等，2007），城市化发展及生态环境转型下的耕地利用变化特征研究逐渐成为新兴研究热潮。

1.4 耕地利用变化研究尺度特征分析

在检索主题词“耕地利用变化”所得的 940 篇相关学术期刊中，依照不同的重点研究方向，大部分文献均按照不同研究尺度进行分析。本章选取其中三个主要研究区，结合分区方式对耕地利用变化研究文献所在的领域和热点进行进一步对比分析。

（1）按行政区划分　全国区域共 70 篇，大部分文献均以长时间序列的全国范围内耕地利用变化研究为主，但从全国角度来分析耕地利用变化的文献主要出现于 2005—2008 年间，正处于国家在宏观层面对耕地保护进行调控的阶段（谭永忠等，2005；姚远等，2012），该阶段通过提出“耕地红线”，划定永久基本农田等政策持续加大对耕地的保护力度，此时的文献着重研究宏观层面上耕地保护政策的实施与反馈情况。跨省级区域共 42 篇，涉及地区如三峡库区（张磊等，2011），珠江三角洲（李颖，2011），长江三角洲（俞纯绅等，1998；施毅超，2007；肖丽群等，2012）等，这些区域的研究文献常与主体功能区划的重大项目区、研究热点区相结合进行分析。由于这些热点区经济发展水平较高，人地矛盾日渐突出，区域的生态承载力较低（刘祥鑫等，2017），“生态文明建设”等战略提出后，对这些区域的研究逐渐增多。省级以内区域共 790 篇，为不同研究区域中文献数量最多的研究尺度划分方式。由于同一省份的耕地资源及生态环境等一般较为相似（王冬银，2013），对省级及以内地区的耕地利用变化研究相对更易进行推广，因此该研究尺度下的研究成果十分丰硕。

（2）按城市化水平划分　城市化发展对人口结构、资源环境和土地供求关系等方面有重要影响作用，因此部分文献的研究重点为城市化进程与耕地利用变化的耦合关系，其相关文献的数量达到 130 余篇。2007—2012 年期间，研究不同城市化进程的耕地利用变化文献数量迅速增加，并保持每年约有25篇研究文献发表在不同期刊。此时中国正处于经济社会快速发展转型时期，耕地非农化现象日趋明显，城市化发展引发的耕地非农化代价性损失逐渐引起众学者的关注(任淑花和卢新卫，2008；吴文婕等，2011；古丽美合日·阿巴斯和阿里木江·卡斯木，2015)。

(3)按生态区划分　对检索文献中的热点研究区域进行统计发现，以不同生态区作为划分方式进行耕地利用变化研究也逐渐成为其中一个重点研究方向。根据傅伯杰的《中国生态区划方案》(傅伯杰等，2001)以及文献所涉及的热点研究区域统计得知，典型生态区研究的文献数量大致为：内蒙古高原东南缘农牧交错带脆弱生态区共13篇，西北荒漠绿洲交替生态脆弱区共42篇，青藏高原高寒生态区共3篇，黄土高原水土流失敏感生态区共14篇，黄淮海平原农业生态区共10篇，西北干旱、半干旱生态区共19篇。现阶段中国后备耕地资源不足，耕地质量和集约化水平亟待提高，而这些文献的着眼点在于重建生态脆弱区的生态服务功能价值和实现耕地保护(郝仕龙等，2014；孙小祥等，2014)，极大地推动了对不同生态区划内的耕地利用变化和资源保护措施的研究。

1.5 耕地利用变化研究区域特征分析

在耕地利用变化的研究文献中，以省、直辖市、自治区及其内部行政区划作为研究尺度的论文数量最多，共768篇，如表1-2所示。从研究区域来看，除未有针对天津市耕地利用变化研究的文献外，以省、直辖市或自治区作为研究尺度的文献几乎涵盖了全国所有地区。新疆维吾尔自治区的研究文献数量共63篇，其中56篇文献的研究区域集中在绿洲地区。由于该地区耕地面积增长速度多年位居全国首位，耕地空间分布格局变化较大，其研究文献总量也成为同一研究尺度的首位，是典型的研究绿洲耕地利用变化的区域。新疆地区耕地利用变化的研究，对于查清全国后备耕地资源数量，实现耕地资源的可持续利用等具有重要意义。其次，山东省(54篇)、江苏省(57篇)和湖北省(58篇)的耕地利用变化研究文献数量均在50～60篇之间，属于热点研究区域，尤其是山东省，属于黄淮海平原的热点研究区域，江苏省属于长江三角洲区划内，二者均为东部沿海地区，经济快速发展一定程度上激化了人地矛盾，对该地区耕地利用变化的相关研究也随之增多。另外，重庆市(45篇)、湖南省(48篇)、甘肃省(48篇)的耕地利用变化研究的文献数量均在40～50篇之间，仍属于耕地利用变化研究的重点研究区域。甘肃省的耕地面积变化不大，但撂荒现象逐年增加，属于黄土高原的研究热点区域，而重庆市涉及三峡库区，二者均属于生态脆弱区，实现这些区域的耕地资源合理利用是调整耕地保护、经济发展和生态服务之间平衡的关键，因此这些区域研究文献数量也随之逐年递增。总之，对耕地利用变化研究的热点区域多集中在生态脆弱、耕地面积变化

表 1-2　重点区域文献研究统计

地理区划	省（市、自治区）	研究数量/篇	耕地面积变化结果	所属研究热点区域	所属热点区 2002—2016 年耕地利用总特征	所属热点区研究数量/篇
西北地区	甘肃	48	增加	黄土高原	耕地利用格局变化大，面积稍有增加，质量急剧下降，撂荒现象明显增加	13
	青海	15	增加			
	新疆	63	增加	绿洲耕地	面积迅速增长，空间变化差异性显著	56
	陕西	6	减少	农牧交错带	土地退化严重，面积稍有增加	13
	宁夏	17	增加			
西南地区	四川	32	减少	河谷农业	面积缓慢增加	5
	云南	21	减少			
	贵州	13	增加	三峡库区	水土流失严重，人地矛盾突出	7
	西藏	8	增加			
	重庆	46	减少			
华东地区	山东	54	减少	黄淮海平原	数量上缓慢减少，质量上以劣补优	10
	江苏	57	减少	长江三角洲	面积急剧减少，质量总体较优，地力存在下降趋势	11
	浙江	21	减少			
	上海	4	减少	黄淮海平原	数量上缓慢减少，质量上以劣补优	10
	福建	22	减少			
	安徽	31	减少			
华南地区	广东	29	减少	珠江三角洲	面积急剧减少，人地矛盾突出	6
	广西	22	减少			
	海南	2	增加			
华中地区	湖北	58	减少	黄淮海平原	数量上缓慢减少，质量上以劣补优	10
	湖南	48	减少			
	江西	19	减少			
	河南	35	减少			

续表 1-2

地理区划	省（市、自治区）	研究数量/篇	耕地面积变化结果	所属研究热点区域	所属热点区 2002—2016 年耕地利用总特征	所属热点区研究数量/篇
华北地区	北京	4	减少	黄淮海平原	数量上缓慢减少，质量上以劣补优	
	天津	0	减少			
	河北	22	减少	农牧交错带	土地退化严重，面积稍有增加	13
	山西	14	减少			
东北地区	内蒙古	16	增加			
	辽宁	6	增加			
	吉林	10	增加			
	黑龙江	25	增加			

速率较快或中东部经济发达、人地矛盾突出的地区，这些地区的耕地利用变化研究对区域可持续发展、全国耕地资源的合理利用和粮食安全保障具有重要指导意义。

从省域来看，文献数量大于 40 篇的有 7 个省，分别是江苏省（57 篇）、山东省（54 篇）、湖北省（58 篇）、湖南省（48 篇）、重庆市（46 篇）、甘肃省（48 篇）、新疆维吾尔自治区（63）篇；文献数量在 30～40 篇之间的有 3 个，分别是安徽省（31 篇）、河南省（35 篇）、四川省（32 篇）；文献数量在 20～30 篇之间的有 7 个，分别是河北省（22 篇）、浙江省（21 篇）、福建省（22 篇）、广东省（29 篇）、黑龙江省（25 篇）、云南省（21 篇）、广西壮族自治区（22 篇）；文献数量在 10～20 篇之间的有 7 个，分别是山西省（14 篇）、吉林省（10 篇）、青海省（15 篇）、江西省（19 篇）、贵州省（13 篇）、内蒙古自治区（16 篇）、宁夏回族自治区（17 篇）；其余各省（市、自治区）文献数量均为个位数。可见，耕地利用变化研究多集中在中国中部地区以及东南部沿海地区。

1.6 耕地利用变化文献来源特征分析

1.6.1 文献发表期刊分析

根据已检索文献的内容或摘要与耕地利用变化的相关性，剔除部分文章做进一步筛选，共选定 937 篇期刊文献进行对比分析。以“北大中文核心期刊目录”为载体，参照现有期刊的分类——EI 期刊、核心期刊、普通期刊，对检索文献进行统计分析得出：

①这 937 篇文献共分布在 254 种期刊。在刊载耕地利用变化相关文献数量排名前 20 的期刊中，有 15 种核心期刊，分别是：《农业工程学报》共 34 篇，《水土保持研究》共 33 篇，《干旱区资源与环境》共 33 篇，《资源科学》共 25 篇，《中国农业资源与区划》共 15 篇，《自然资源学报》共 15 篇，《地理学报》共 14 篇，《长江流域资源与环境》共 12 篇，《地域研究与开发》共 11 篇，《经济地理》共 7 篇，《水土保持学报》共 7 篇，《中国土地科学》共 6 篇，《中国人口·资源与环境》共 6 篇，《地球信息科学学报》共 5 篇，《地理科学进展》共 5 篇，其中《农业工程学报》和《地理学报》为 EI 期刊。根据布拉德福定律可知，这 15 种期刊刊载耕地利用变化相关文献数量最多，已成为报道本领域研究成果的主流期刊。

②在刊载相关文献数量为前 20 的期刊中，有 10 种期刊与农业科技相关，3 种期刊与自然资源科学相关，3 种期刊与自然地理学相关，2 种期刊与环境科学相关，2 种期刊与经济管理科学相关。这说明，在报导耕地利用变化相关研究的期刊中，农业学科类期刊成为报导的主要载体，其次为自然资源科学和自然地理学类相关期刊，再次为环境科学和经济管理类相关期刊。

1.6.2 研究机构分析

对耕地利用变化相关研究的研究机构分布情况进行梳理，有利于促进机构间互相合作，为建立学科内规范化协调机制等提供参考（魏洪斌等，2016）。对检索文献进行整理发现，总共有 487 个研究机构参与耕地利用变化相关研究，其中包括 293 个教育机构，137 个科研机构，57 个管理机构。教育机构涉及农林类院校、师范类院校、地矿类院校和综合类院校等高等院校，共发表 683 篇文献，占总发文数量的 72.70%。中国科学院地理科学与资源研究所、中国科学院东北地理与农业生态研究所、中国科学院南京地理与湖泊研究所等科研机构共发表 215 篇文献，占总发文数量的 22.90%。而管理机构以各级国土管理部门共发表 42 篇，占总发文量的 4.40%。从各研究机构的文献发表数量对比中可看出，由于大多数高等院校均开设管理学、经济学或地理学、农学等方向课程，可以从多角度较为全面地对耕地利用变化进行系统研究，因此高等院校成为耕地利用变化相关领域的研究主体，其次为科研院所，以地理学、遥感应用等为主要方向的科研院所在获取自然资源状况、社会经济情况和遥感数据等方面具有独特优势，因此更易对耕地利用变化进行综合性研究。而各地区土地管理部门在制定土地利用规划及土地利用管理政策时也需要开展耕地利用变化方面的研究，因此这些管理部门也成为耕地利用变化研究的重要组成部分。

对耕地利用变化的研究属中国科学院地理科学与资源研究所的研究最多(表1-3),共发表61篇相关学术期刊。统计相关文献发表数量大于5篇的机构中发现,研究院或研究所的发表文献数量最多,共189篇文献;其次为综合性大学,共发表173篇文献;之后为师范类大学,共发表156篇文献;再次为农林类大学,共发表105篇文献;最后为地矿类大学,共发表43篇文献。从统计结果来看,高等院校中综合性大学的学科较为齐全,对耕地利用变化进行研究可以依托多种学科交叉进行,如地理学、环境学、管理学、经济学、法学等学科均可作为研究理论基础。师范类大学的研究数量仅次于综合性大学,可以从师范类的特色专业——地理科学得到解释,这也表明耕地利用变化的研究与地理学紧密相关。而耕地利用变化与农

表 1-3 文献数量前 20 的研究机构

序列	机构名称	文献数量/篇	机构类型	主要学科类别
1	中国科学院地理科学与资源研究所	61	研究所(研究院)	自然地理学、农业基础科学
2	新疆大学	33	综合性大学	资源科学
3	南京农业大学	26	农林类大学	农业经济、资源科学
4	中国地质大学	30	地矿类大学	农业基础科学、资源科学
5	西南大学	24	综合性大学	农业经济、地理科学
6	中国科学院研究生院	21	研究所(研究院)	农业基础科学
7	华中农业大学	21	农林类大学	农业基础科学、农业经济
8	陕西师范大学	20	师范类大学	宏观经济管理、地理科学
9	西北农林科技大学	19	农林类大学	农业经济、农业基础科学
10	中国矿业大学	17	地矿类大学	资源科学、农业基础科学
11	南京大学	18	综合性大学	环境科学、农业经济
12	北京大学	16	综合性大学	宏观经济管理与可持续发展
13	武汉大学	15	综合性大学	农业基础科学
14	中国科学院南京地理与湖泊研究所	14	研究所(研究院)	地理科学
15	中国农业大学	14	综合性大学	农业经济、农业基础科学
16	福建师范大学	14	师范类大学	农业基础科学
17	西北师范大学	14	师范类大学	资源科学、农业经济
18	湖南农业大学	13	农林类大学	农艺学、农业基础科学
19	北京师范大学	13	师范类大学	农业基础科学、资源科学
20	东北农业大学	12	农林类大学	农业经济、资源科学

业的关系密不可分,因此农林类大学的研究数量紧随其后。地矿类大学的特色学科为地学、遥感等,从这些方向对耕地利用变化开展研究也成为耕地利用变化研究的主流趋势。

1.6.3 高引频次文章分析

对检索出的文献按照被引频次进行排序,将高引频次文章进行对比分析,可以预估当前耕地利用变化相关研究机构的科研和学术水平。通过对高引频次文章的研究内容进行统计(表 1-4),目前耕地利用变化的研究侧重方向在于对引起耕地利用变化的驱动力进行定量分析,研究尺度多为国家级别或跨省级的研究热点区域。而参照高引频次文章的研究单位、文献来源及基金项目等可知,国家对于耕地利用变化的重视以及对耕地利用变化研究的支持力度逐渐加大,目前中国已初步形成以高等院校和研究院所为主体的耕地利用变化研究核心体系。其中的核心作者包括高等院校的教授、科研院所的研究员及部分土地管理机构的相关管理人员。

表 1-4 CNKI 数据库中耕地变化高引频次文章

排序	文献题目	第一单位	文献来源	被引频次	发表年份	基金项目
1	近 20 年中国北方 13 省的耕地利用变化与驱动力	北京师范大学环境演变与自然灾害教育部重点实验室	地理学报	275	2004 年	国家重点基础研究发展规划项目
2	中国耕地资源变化及其可持续利用与保护对策	南京大学城市与资源学系	土壤学报	232	2006 年	
3	环渤海地区耕地利用变化及动因分析	中国科学院地理科学与资源研究所	自然资源学报	181	2002 年	国家自然科学基金重点项目
4	1998—2006 年中国耕地资源的时空变化特征	中国农业大学资源与环境学院	资源科学	173	2008 年	
5	中国耕地利用变化趋势与对策再探讨	中国人民大学人口所	地理科学进展	164	1997 年	
6	发达地区耕地资源的时空变化及其驱动力实证研究	浙江大学公共管理学院	农业工程学报	154	2007 年	

续表 1-4

排序	文献题目	第一单位	文献来源	被引频次	发表年份	基金项目
7	中国近 30 年耕地利用变化时空特征及其主要原因分析	中国科学院遥感与数字地球研究所	农业工程学报	145	2014 年	国家重点基础研究发展计划项目;国家科技支撑计划项目
8	土地利用/覆被变化与区域经济发展——长江三角洲近 50 年耕地数量变化研究的启示	中国科学院南京地理与湖泊研究所	地理学报	138	2004 年	中国科学院知识创新重要方向性项目;国家自然科学基金项目
9	中国粮食生产与耕地利用变化的时空动态	中国科学院地理科学与资源研究所	中国农业科学	126	2009 年	国家自然科学基金重点项目;国家"十一五"科技支撑计划重点项目
10	国家尺度耕地利用变化驱动力的定量分析方法	中国科学院地理科学与资源研究所	农业工程学报	125	2005 年	国家重大基础研究计划;国家"863"计划

1.7 小结

①耕地利用变化研究的热度随耕地保护政策的制定和实施而不断变化,其研究文献报道的载体以学术期刊为主,研究内容和领域趋于多元化,研究期多为 10 年以上,其结果具有预测性和前瞻性。目前,耕地利用变化研究主要是采用一定的定量分析方法,对耕地利用变化驱动因子进行分析。而耕地利用变化研究进展的综述文章以及相关政策实施反馈的研究文章,是目前耕地利用变化研究领域文献中较为稀缺的部分。此外,城市化进程加快以及生态环境转型等背景下的耕地利用变化特征研究逐渐成为学科发展方向。通过对文献的统计可以发现,对于耕地利用变化的研究方法也趋于更为全面的定量科学分析,利用组合模型对耕地利用变化进行模拟预测成为未来学科研究的重要方法之一。耕地利用变化研究领域的丰富性、研究区域和尺度的多样性、刊载期刊的广泛性以及研究机构的多行业性,充分说明了耕地利用变化研究是综合交叉,各行业相互关联的。

②耕地利用变化文献刊载期刊种类繁多,但多数与农业科技相关,其次为自然资源科学或自然地理学相关,再次为环境科学或经济管理科学的相关期刊。对期

刊刊载量的统计排序，可以为耕地利用变化相关文献投稿提供借鉴意义。耕地利用变化的主要研究机构为高等院校和科研院所，各级土地管理部门也是研究的重要组成部分。随着国家对耕地利用变化的研究支持力度逐渐加大，以高等院校和研究院所为主体，教授及专家学者等为核心研究人员的耕地利用变化研究体系已初步形成。

③耕地利用变化的研究区域多集中在中国中部及东南部的省级及省内行政区，研究热度最高的地区通常为生态脆弱区、重大项目工程区、快速城市化地区或沿海经济发达区等。虽然研究区域几乎涵盖全国，但研究尺度相对单一，缺乏多尺度角度的研究，因而可能导致不同研究尺度的借鉴相对有局限性。除新疆维吾尔自治区外，西部各省（市、自治区）的研究成果相对较少，成果分布极不均匀。通过耕地利用变化及驱动机制的研究，来衡量或制定耕地保护的相关政策仍是未来耕地利用变化研究的重要方向。另外，中国耕地利用变化多以数量研究为主，“占补平衡”等政策缺乏科学的衡量依据，对耕地质量的变化研究相对较少，研究方法相对单一也成为目前研究的不足之处。如何用更为科学的综合模型来分析和预测耕地利用变化需要进一步的探索。

2 中国耕地保护政策研究：背景、效果与未来趋势

2.1 引言

耕地是人类赖以生存的资源与条件（曹银贵等，2008；Cheng 等，2015）。中国正逐渐从一个传统的农业大国发展为现代城市型国家，社会经济的发展不可避免地占用大量耕地，粮食安全受到威胁（Chang 和 Chen，2015；宋蕾和曹银贵，2018）。耕地保护一直受到党和国家的高度重视，把"十分珍惜和合理利用土地，切实保护耕地"作为基本国策，2015 年习近平总书记指出"要像保护大熊猫一样保护耕地"，党的十九大报告中再次强调了严格保护耕地这一要求。

为落实党和国家的要求，切实保护耕地，中国进行了耕地保护政策出台的一系列探索。耕地保护政策对保护耕地、保障粮食安全具有重要意义（吕晓等，2010；Cheng 等，2017），至今政策体系日趋完善、保护机制逐渐健全，取得了一定的成效。以耕地的数量保护为例，中国耕地净减少量波动下降，由 1996 年的 73.30 万 hm^2 已下降至 2016 年的 7.73 万 hm^2，其中 2002 年、2003 年到达耕地流失高峰，分别净减少耕地 168.62 万 hm^2 和 253.74 万 hm^2，2007 年、2008 年耕地净减少量下降至最低点 4.06 万 hm^2 和 1.93 万 hm^2。1996—2008 年，中国 31 省（市、自治区）耕地净减少率最大的是北京市，变化率为－32.63％，净减少率最小的为新疆维吾尔自治区，变化率为 3.49％；2009—2016 年，全国 31 省（市、自治区）耕地净减少率最大的仍为北京市，变化率为－4.75％，净减少率最小的为广东省，变化率为 2.98％。可见，在耕地保护政策持续出台的背景下，不同时期对耕地保护产生的影响不同，不同省份对于相同政策的执行力度也有差异。分析各项耕地保护政策出台、实施的背景及其相互之间的关系，判断政策在不同时期、不同省份之间的执行力度差异，能够预测耕地保护政策未来发展的走向与趋势，更好地协调不同省（市、自治区）耕地保护方式、耕地面积转移之间的关系，从而实现耕地保护在全国范围内的统筹、协同发展。

中国耕地保护政策的背景、效果和趋势相关研究不断开展。Liu 等（2017）将

改革开放后的政策分为了1978—1985年、1986—1997年、1998—2003年、2004年至今四个阶段，分别因经济和社会背景不同具有鲜明的特征；刘彦随等(2014)探究了新型城镇化背景下对耕地保护的新认知，并提出了确立“全要素”耕地保护体系的建议与举措。Bao等(2019)以江苏沿海地区为例，得出土地利用变化及其政策响应在1750—1900年、1900—1980年及1980年后三个阶段分别以盐业、复垦和工业化为主导。执行效果研究主要有以下两个方向：一是针对某个时期内耕地保护政策的执行效果进行分析。如翟文侠等(2003)通过构建耕地面积变化驱动力的多元回归线性模型，得出1986年、1997年以来的耕地保护政策实施分别保护了相当于1999年耕地面积0.87%、0.76%的耕地数量；谭术魁等(2010)利用DEA法，得出2000—2007年耕地保护政策取得了耕地总量平衡、基本数量维持等显著效果。二是针对某项特定保护政策的执行效果进行评价。如钟太洋等(2012)得出2004—2007年，基本农田保护率每提高1%，每省每年平均耕地流失面积约减少364.40 hm^2，四年合计减少耕地流失面积341.87万 hm^2；Lin等(2017)对温州市耕地占补平衡情况进行了定性研究，结果表明耕地数量平衡已基本实现，但质量平衡还存在严重不足。多位专家对未来耕地保护政策趋势提出了建议。陈美球等(2018)提出可从构建社会共同责任机制、开展建设用地供给侧改革、推行生态化土地整治、充分调动农户积极性、提高土壤质量五个方面来提升耕地保护时效；刘丹等(2018)指出耕地保护政策优化应从形成政府引导、农民主体和企业参与的耕地保护模式、推进耕地保护政策与利用政策融合、建立口径一致的耕地资源大数据管理平台、设立专项基金四方面来进行。

2.2 耕地保护政策历史沿革

新中国成立初期，国家实行的土地改革、大规模农田水利建设等极大调动了农民的生产积极性，大量未利用地被开垦为耕地。二十世纪六七十年代，大跃进、人民公社化等忽视了土地本身的生产力限度和生态环境的脆弱性，掀起了一阵盲目开荒的热潮，耕地面积骤增，但同时造成了耕地质量下降和生态环境恶化。改革开放后，社会经济的快速发展不可避免造就了建设用地大量占用耕地的状况。为控制耕地流失速度、保证粮食安全，中国开始实行最严格的耕地保护政策。随着耕地面积流失、质量下降、生态恶化等现象的不断严峻，耕地保护政策的内涵逐渐丰富、力度逐渐增大，耕地保护体系逐渐完善。根据政策内容、内涵以及对耕地保护的效果差异，可分为以下五个阶段：

2.2.1 耕地保护政策早期探索(1978—1985 年)

改革开放之初,由于以经济发展为中心的国家政策带给工业化、城镇化的利好条件以及未充分意识到耕地保护的重要性和建设用地转化为耕地的相对困难性,耕地非农化速度不断上升。尤其是乡镇企业的发展使农民收入提高,推动了投资的持续增长,耕地面积锐减。为此,国家进行了耕地保护政策出台的积极探索,主要是通过行政手段禁止占用耕地、延缓建设用地的扩张速度。包括国务院于 1981 年 4 月、1983 年 11 月先后出台的《关于制止农村建房侵占耕地的紧急通知》和《关于制止买卖、租赁土地的通知》,1982 年 5 月由全国人大批准、国务院公布执行的《国家建设征用土地条例》等。这些耕地保护政策对延缓耕地非农化起到了一定程度的作用,1983 年耕地减少速率由 1982 年的 0.29%下降为 0.17%,但这一时期耕地保护政策存在着内容单一、体系不完善、统筹规划缺乏等问题,再加上经济的迅猛发展,耕地流失速度仍在不断加快,于 1985 年达到峰值-0.68%。1979—1985 耕地年平均减少 545 万亩,年平均变化率为-0.24%。

2.2.2 耕地保护政策持续发展(1986—1996 年)

面对耕地流失的不断升温,1986 年 3 月国务院发布《关于加强土地管理、制止乱占耕地的通知》,提出了"十分珍惜和合理利用每寸土地,切实保护耕地"的基本国策。同年国家土地管理局的成立和《中华人民共和国土地管理法》的出台,标志着中国耕地保护开始进入有组织、有规程的阶段。耕地面积变化率由 1985 年-0.68%变为 1991 年 0.07%,但 1992 年之后又因违法批地、乱占滥用等现象的抬头开始逐步下跌。国务院因此于 1992 年 11 月发布了《关于严格制止乱占、滥用耕地的紧急通知》,但仍未能制止耕地面积的持续减少,耕地损失率上升至 1995 年的-0.30%。1995 年 2 月农业部再次发布了《关于立即制止乱占耕地的通知》,提出调整农业结构一律不得减损耕地。

这一时期也进行了多项耕地保护制度探索。一是土地使用制度的根本性变革。改革开放前,国有土地只能通过行政划拨取得,土地使用权禁止在使用者之间流转,致使土地乱占、多占现象屡禁不止。后期国家开始试验将土地所有权和使用权分离,并于 1988 年修正《宪法》规定"土地使用权可以依法转让",同年修订《中华人民共和国土地管理法》明确了国有土地的有偿使用制度。二是开始征收耕地占用税。国务院于 1987 年 4 月出台了《耕地占用税暂行条例》,1989 年 2 月发布了《关于切实做好耕地占用税征收工作的通知》,开始综合应用经济手段严格控制耕地占用。三是基本农田保护制度的基本确立。1994 年 8 月国务院出台了《基本农田保护条例》，提出划定基本农田保护区并实行特殊保护。这一时期国家耕地保护意识和保护力度逐渐加强，耕地保护体系内容不断丰富，但彼时政策仍以利用行政手段控制耕地占用为主，缺乏整体上的协调和统筹。1986—1996 年耕地年平均减少 426 万亩，年平均变化率为－0.19%。

2.2.3 耕地保护政策制度体系初步形成(1997—2003 年)

20 世纪 80 年代出台的耕地保护政策执行效益逐渐降低，为遏制后期建设占用情况愈加突出、耕地流失速率不断加快的情况，中国国家土地管理局于 1997 年 5 月发布了《关于冻结非农业建设项目占用耕地的通告》，冻结全国范围内建设用地审批一年。紧接着中共中央、国务院发布了《关于进一步加强土地管理切实保护耕地的通知》，提出了要保持耕地总量动态平衡并努力提高耕地质量、占用耕地要与土地开发复垦挂钩。1997 年耕地损失率由上一年的－0.56%下降为－0.37%。1997 年全国建设用地清查结果显示：土地粗放利用、闲置的问题仍相当严重，控制建设占用耕地的任务还十分艰巨，国务院办公厅因此于 1998 年 3 月发布了《关于继续冻结非农业建设项目占用耕地的通知》，耕地损失率于 1998 年下降至－0.20%。

1998 年 3 月中华人民共和国国土资源部成立，随后国家启动和完善了多项耕地保护制度。一是土地用途管制制度。之前出台的多项政策都旨在严格控制耕地向建设用地转化，1998 年 12 月修订的《中华人民共和国土地管理法》正式确定了这一制度，对耕地实施特殊保护。二是基本农田保护制度。国务院于 1998 年 12 月更新了《基本农田保护条例》，取消了原有等级划分，规定基本农田至少占行政区域内耕地总面积的 80%。三是耕地占补平衡制度。耕地占补平衡首次由中央 11 号文件提出；《中华人民共和国土地管理法》的修订明确了耕地占用补偿制度；国土资源部于 1999 年 2 月发布了《关于切实做好耕地占补平衡工作的通知》，规定建设用地需“占一补一”，又于 2000 年 4 月和 2001 年 11 月分别发布了《关于加大补充耕地工作力度确保实现耕地占补平衡的通知》和《关于进一步加强和改进耕地占补平衡工作的通知》。中国耕地保护制度体系基本形成，但由于这一时期的市场经济体制和国家发展战略调整等(王茁等，2018)，这些政策未能达到预期效果。再加上 1999—2004 年中国逐渐开展退耕还林工程，中国耕地流失速度自 1999 年持续增长，于 2003 年达到峰值－2.01%。1997—2003 年耕地年平均减少 1 542 万亩，年平均变化率为－0.68%，各省(市、自治区)1997—2003 年耕地面积年变化率如图 2-1 所示，平均变化率如图 2-2 所示。

由图 2-1 可知，1997—1998 年，共有 18 个省(市、自治区)耕地流失速度减慢，可见当时冻结建设用地审批取得效果明显；1998—2001 年，宁夏、北京、陕西、上

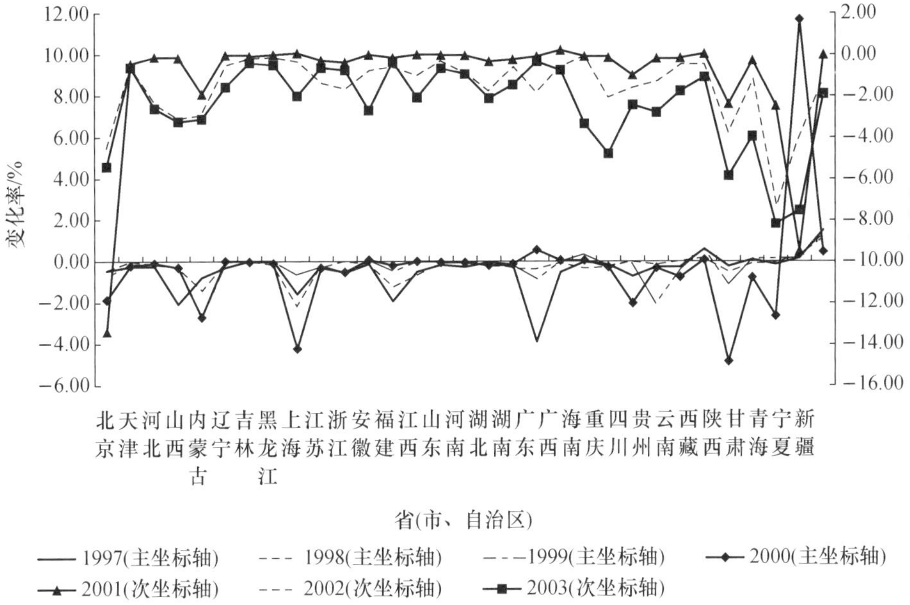

图 2-1　31 省(市、自治区)耕地面积年变化率(1997—2003 年)

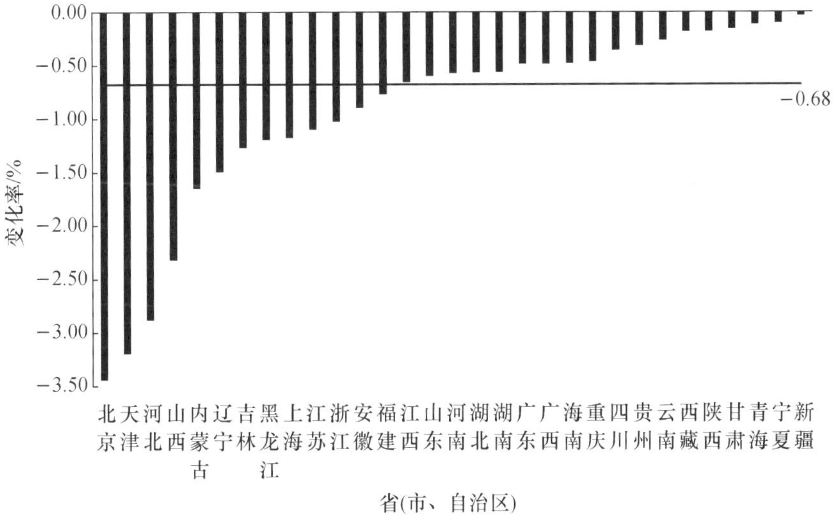

图 2-2　31 省(市、自治区)耕地面积年平均变化率(1997—2003 年)

海、青海 5 省(市、自治区)耕地面积波动较大,其中宁夏于 2000 年耕地面积大幅上涨,增长率达到 11.68%;其余 4 省(市、自治区)耕地面积下降明显,政策执行效果较差;其余省(市、自治区)耕地面积变化率的标准偏差均低于 0.01,耕地面积在这一时期内保持稳定,耕地保护政策执行效果良好。2001 年后各省(市、自治区)耕地面积都波动下降,除北京市于 2001 年,浙江、江苏、福建、广东 4 省于 2002 年耕地减少速率最快,其余省份均于 2003 年达到耕地流失高峰,先前出台的相关政策执行力度减弱。由图 2-2 可知,1997—2003 年北京、青海、陕西等 11 个省(市、自治区)耕地年平均减少速率高于全国平均水平,这些省(市、自治区)大都集中在生态脆弱地区,其耕地面积减少受生态退耕影响。北京、上海等经济发达省(市、自治区)耕地保护政策的执行力度弱于其他经济相对落后的省份。新疆、西藏等经济发展相对落后、耕地后备资源丰富等省(市、自治区)耕地保护政策的执行效果最好,其次是山东、河南等省(市、自治区)。

2.2.4 耕地保护政策制度体系基本完善(2004—2013 年)

由于土地乱占滥用的现象没有得到有效控制,耕地面积持续下降,耕地保护问题受到了中共中央、国务院的高度重视。2004 年 4 月,国务院办公厅发布《关于深入开展土地市场治理整顿严格土地管理的紧急通知》,集中半年左右的时间,继续深入开展土地市场治理整顿。此次整顿取得了积极进展,但盲目投资、低水平重复建设,圈占土地、乱占滥用耕地等问题尚未根本解决。同年 10 月,国务院发布《关于深化改革严格土地管理的决定》,提出了深化改革、健全法制、统筹兼顾、标本兼治,进一步完善符合中国国情的最严格的土地管理制度的明确要求。2004 年耕地减少速率降低到 0.77%,随后持续减少并保持稳定,可见成效明显。但土地管理特别是土地调控中仍存在建设用地总量增长过快,低成本工业用地过度扩张等问题,因此 2006 年 9 月国务院发布《关于加强土地调控有关问题的通知》。

这一时期的耕地保护政策内涵愈加丰富。首先耕地的质量保护受到重视。《关于深化改革严格土地管理的决定》中强调耕地占补平衡补充耕地质量应与原有耕地相当;2005 年 7 月国土资源部发布了《关于开展补充耕地数量质量实行按等级折算基础工作的通知》,强调按照耕地质量划分等级,确保补充、占用耕地在数量与质量上总体平衡,并制定了技术指导意见;国土资源部 2006 年 6 月发布的《耕地占补平衡考核办法》提出占用耕地应将耕作层土壤剥离,用于土地开发整理项目或土壤改良;2009 年 12 月,国土资源部、农业部联合发布《关于加强占补平衡补充耕地质量建设与管理的通知》,加大了占补平衡补充耕地质量建设和管理力度;随后 2011 年 3 月国务院发布了《土地复垦条例》,10 月农业部印发《补充耕地质量验收评定工作规范》;2012 年 6 月国土资源部发布《关于提升耕地保护水平全面加强耕地质量建设与管理的通知》。

控制建设占用耕地的力度持续加强。国土资源部于 2006 年 11 月发布《关于正式确定国家基本农田保护示范区的通知》,确定了 116 个县(市、区);2007 年 9 月发布《实际耕地与新增建设用地面积确定办法》,严格核查行政区内实际耕地和新增建设用地面积;由于建设用地供需矛盾突出、利用效率低下,2008 年 1 月国务院发布了《关于促进节约集约用地的通知》,强调走建设占地少、利用效率高的土地利用之路;2008 年 6 月国土资源部发布《关于严格耕地占补平衡管理的紧急通知》;接着又出台了《城乡建设用地增减挂钩试点管理办法》,将拟整理复垦为耕地的农村建设用地和用于城镇建设的地块面积相挂钩;同年 10 月十七届三中全会通过了《中共中央关于推进农村改革发展若干重大问题的决定》,指出要继续推进土地整理复垦开发,耕地要先补后占;国土资源部随即在 2009 年 3 月发布了《关于全面实行耕地先补后占有关问题的通知》。

耕地保护权责逐渐明确,监察制度不断完善。2005 年 10 月国务院办公厅发布《省级政府耕地保护责任目标考核办法》,规定地方各级人民政府主要负责人对本行政区域内耕地保有量和基本农田保护面积等负首责;2006 年 7 月发布《关于建立国家土地督察制度有关问题的通知》,设立了国家土地总督察及办公室并向地方派驻国家土地督察局;2010 年 1 月国土资源部发布了《关于切实加强耕地占补平衡监督管理的通知》,实行动态监管,力图解决补充耕地不实、占补平衡不到位等问题。在国土资源信息化建设方面,国土资源部办公厅先后于 2012 年 7 月和 2013 年 8 月发布了《关于加快推进国土资源遥感监测"一张图"和综合监管平台建设与应用的通知》和《关于加快开展基本农田数据库建设的通知》。

这一时期中国耕地保护制度体系基本完善,2004—2008 年耕地年平均减少 273 万亩,年平均变化率为－0.15％,2009—2013 年耕地年平均减少 82 万亩,年平均变化率为－0.04％,各省(市、自治区)2004—2013 年①耕地面积年变化率如图 2-3(a)和图 2-3(b)所示,平均变化率如图 2-4 所示。

由图 2-3 可知,2003—2005 年广东、浙江、广西、福建 4 省耕地损失率上升,2004 年的土地市场整顿和《关于深化改革严格土地管理的决定》未能取得明显成效;天津、吉林、黑龙江、上海、江苏、山东 6 省(市)耕地损失率下降不足 1％,其余省(市、自治区)耕地损失率下降明显,可见国务院这一重要政策在中西部地区的执

① 由于第二次全国土地调查后,和 2008 年相比,2009 年耕地面积变化太大,为了不影响折线图的制作,2009 年的数据没有放入图 2-3 中。

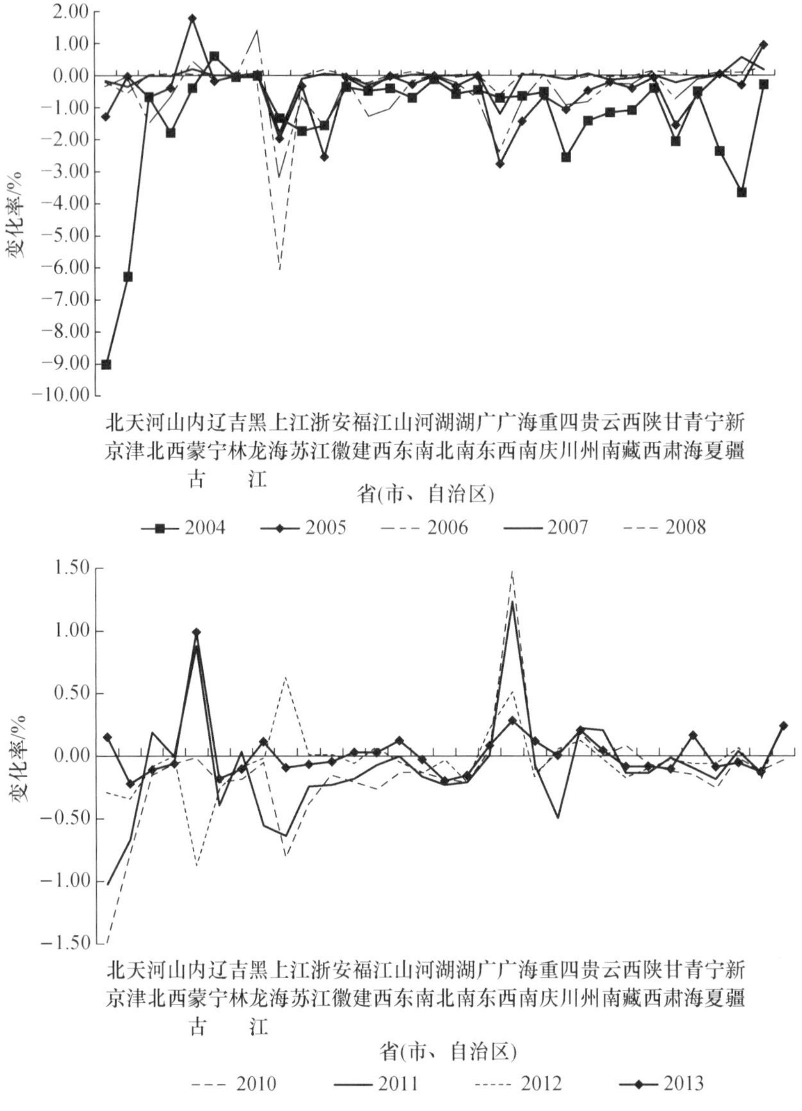

图 2-3　31 省(市、自治区)耕地面积年变化率(2004—2013 年)

行效果优于东部沿海地区。2005—2013 年,上海市、广东省的耕地面积波动较大。上海市耕地面积损失率在 2004 年后波动下降,于 2008 年到达峰值−6.04%,这一重要政策影响时间太短且后期政策执行力度不足;广东省在 2005 年到达耕地流失高峰后耕地损失率逐渐下降,政策执行情况与上海市相反。其余省(市、自治区)耕地面积变化率的标准偏差均低于 0.01,耕地面积在这一时期内保持稳定,耕地保护政策执行效果良好。由图 2-4 可知,2004—2013 年上海、北京、浙江等 21 个省(市、自治区)耕地年平均减少速率高于全国平均水平,耕地流失速度最快的仍为经济发达的东部沿海地区,其次为中部地区,西部地区耕地流失速度最慢;内蒙古、新疆等省(市、自治区)由于后备资源开发等耕地面积在这一时期内有所增加。这一时期的耕地保护政策执行力度仍从西向东递减,但相对于 1997—2003 年耕地流失速度明显减慢。

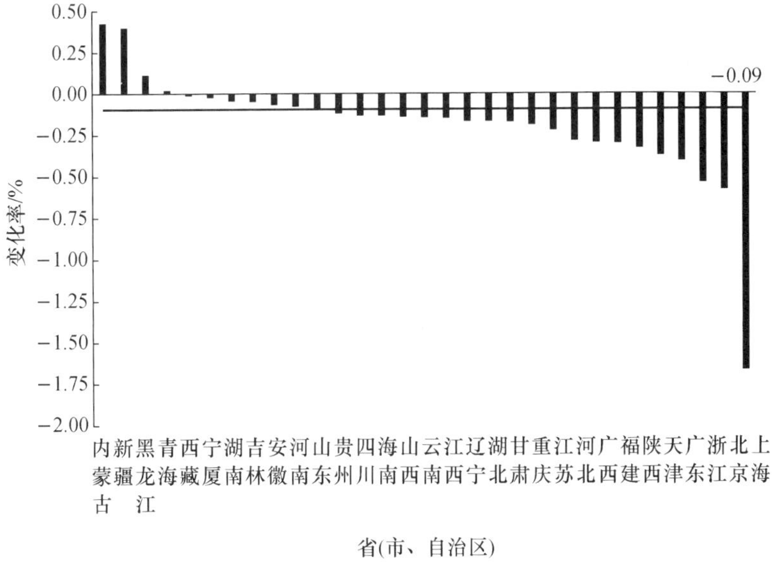

图 2-4 31 省(市、自治区)耕地面积年平均变化率(2004—2013 年)

2.2.5 耕地保护政策体系趋于成熟(2014 年至今)

党的十八大、十八届三中全会、中央经济工作会议等对耕地保护工作提出了新的更高要求。这一时期对已形成的耕地保护体系进行了进一步的丰富和完善。2014 年 2 月国土资源部发布了《关于强化管控落实最严格耕地保护制度的通知》,确保严守 18 亿亩耕地保护红线、稳定实有耕地面积、并重耕地数量和质量保护等;2014 年 10 月国土资源部、农业部联合发布了《关于进一步做好永久基本农田划定工作的通知》,将城镇周边、交通沿线现有易被占用的优质耕地优先划定;2016 年 7 月国土资源部发布了《关于补足耕地数量与提升耕地质量相结合落实占补平衡的指导意见》,以补充和提质改造相结合的方式落实耕地占补平衡;2017 年 1 月中共中央、国务院出台了《关于加强耕地保护和改进占补平衡的意见》，对中国耕地保护及耕地占补平衡政策进行了实践总结和调整完善，极大地丰富了耕地保护体系；12月国土资源部发布《关于改进管理方式切实落实耕地占补平衡的通知》，要求建立以数量为基础、产能为核心的占补新机制；2018 年 1 月国务院办公厅更新了《省级政府耕地保护责任目标考核办法》，进一步拓宽了考核范围、加大了考核力度。2018 年 3 月自然资源部成立，形成了“山水林田湖草生命共同体”的构建格局。这一时期耕地保护上升到更高的层次，强调数量、质量、生态“三位一体”，强调耕地保护的全国统筹、协同发展。2014—2016 年耕地年平均减少 102 万亩，年平均变化率为−0.05%，各省(市、自治区)2014—2016 年耕地面积年变化率如图 2-5 所示，平均变化率如图 2-6 所示。

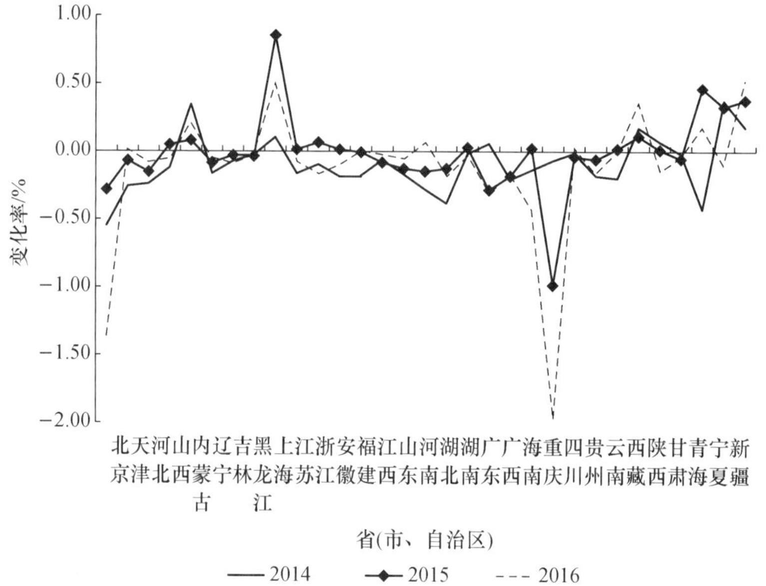

图 2-5　31 省(市、自治区)耕地面积年变化率(2014—2016 年)

由图 2-5 可知，2014—2016 年重庆市耕地损失率逐年上升，2016 年达到−1.97%，北京市 3 年间波动上升，2016 年达到−1.36%。重庆、北京两市耕地面积变化率的标准偏差在 0.005～0.01 之间，其余省(市、自治区)耕地面积变化率的标准偏差均低于 0.01，可见这一时期耕地面积在全国范围内保持稳定，耕地保护政策数量保持效果良好。由图 2-6 可知，2004—2013 年重庆、北京、广东等 11 个省(市、自治区)耕地年平均减少速率高于全国平均水平，耕地流失速度仍从东向西递减，西部地区耕地面积继续保持上升。

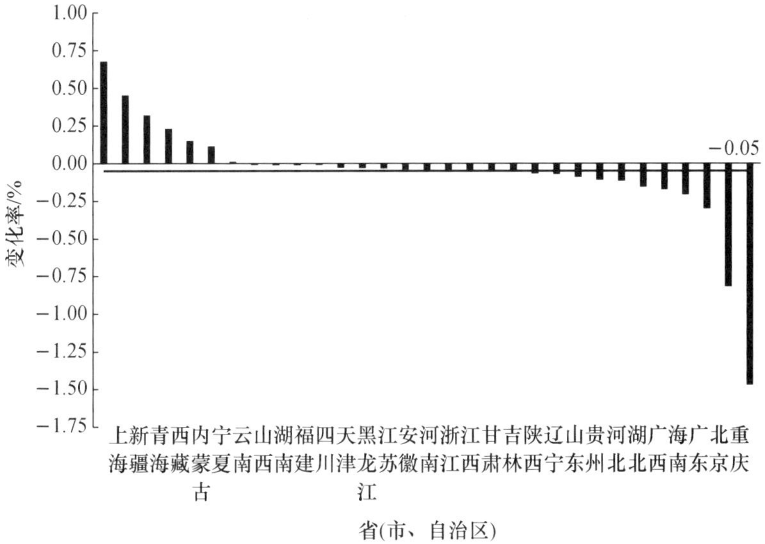

图 2-6 31 省(市、自治区)耕地面积年平均变化率(2014—2016 年)

2.3 耕地保护政策数量保护效果

2.3.1 时间尺度实施效果

中国耕地损失率在 1978—1985 年波动上升,在 1985 年达到峰值−0.68%,其中 1983 年有一小幅下降,可见国务院在 1981—1983 年出台的一些早期耕地保护政策取得了一定程度上的作用,在短时期内减缓了耕地流失的速度,但这些政策内容过于单一、体系不完善,对耕地保护的影响时间过短,1983—1985 年耕地流失速度持续加快。1986 年国务院发布的《关于加强土地管理、制止乱占耕地的通知》及其配套政策对中国耕地产生了力度较大、时间较长的保护作用,1986—1991 年耕地流失速度逐渐降低,到 1991 年全国耕地面积增长 0.07%,1992 年后耕地损失率再次逐渐上升,1992—1997 年出台的包括《基本农田保护条例》在内的耕地保护政策并未取得明显的成效,1997 年耕地损失率达到−0.37%,但也并未达到 1985 年的流失速度,可见这些政策还是取得了一定的效果。1997 年国务院发布的《关于进一步加强土地管理切实保护耕地的通知》及其配套政策再次减缓了耕地流失速度,1999 年开始实行退耕还林政策及产业结构调整等,这一时期的耕地保护政策没能消除这些因素对耕地保护的压力,耕地面积下降迅速,2003 年达到 30 年来的最低点−2.01%。2004 年国务院发布的《关于深化改革严格土地管理的决定》等政策极大地缓解了耕地面积持续下降的问题，耕地流失速度下降到－0.77％，随后继续下降。2007—2016 年耕地保护政策对耕地的数量保护效果良好，耕地面积基本保持稳定。中国耕地面积前后经历了 1985 年、2003 年两个低谷，1986 年、1997 年、2004 年国务院出台的对应政策对耕地数量保护产生了重大作用，在政策影响下耕地流失速度大幅减缓。其他政策执行效果相对较弱，起到了补充完善、配合实施的作用。

2.3.2 空间尺度实施效果

1996—2016 年[①]各省（市、自治区）耕地流失速度的变化状况不同，即耕地保护政策的数量保护效果有差异，其中 2000—2004 年 31 省（市、自治区）的耕地流失速度标准偏差较大，可见这一时期的省际差异更为明显。各省（市、自治区）的耕地流失速度的变化情况主要有以下几种类型：

（1）基本稳定型　由图 2-7 可知，辽宁、吉林等 10 个省的耕地面积在 1997—2016 年保持相对稳定，耕地面积变化率的标准偏差均低于 0.005 2 的全国平均水平，这些省份 20 年间的耕地流失速度均小于 2％，也没有大幅度的面积增长现象。耕地保护政策在这些省份产生了较好的效果，保持耕地面积基本稳定，耕地保护和建设占用基本平衡。

（2）1999—2003 年流失峰值型　由图 2-8 可知，河北、青海等 11 个省的耕地面积均在 1999 年、2003 年出现耕地流失高峰，2003 年后耕地数量基本保持稳定。可知这些省 20 年间的耕地面积减少主要是受到退耕还林政策的影响，其余阶段在耕地保护政策的执行下并未出现耕地大量流失的现象，耕地保护政策对建设占用速度具有延缓作用，执行效果较好。

（3）波动较大、大幅下降型　由图 2-9 可知，北京、天津等 6 个省（市）的耕地面积流失率在 1997—2016 年有较大波动，具有多个峰值，且多与全国耕地面积变化情况不一致。可见耕地保护政策在这些省（市）的执行力度较差，耕地受建设占用现象突出。后期政策执行效果相对前期较好，2010 年后并未出现耕地损失率超过 2％的情况，耕地面积基本保持平稳，有些年份还有上升的趋势。

（4）波动较大、总体上升型　由图 2-10 可知，内蒙古、西藏等 4 个自治区耕地流失率在 1997—2016 年间波动较大，其中 1999—2003 年的峰值受退耕还林影响明显，2003—2016 年大部分年份由于后备耕地资源开发、土地整理与复垦等，耕地面积有所增加，耕地保护政策数量保护效果较好。

---

① 由于第二次全国土地调查后，和 2008 年相比 2009 年耕地面积变化太大，为了不影响折线图的制作，2009 年的数据没有放入图 2-7、图 2-8、图 2-9、图 2-10。

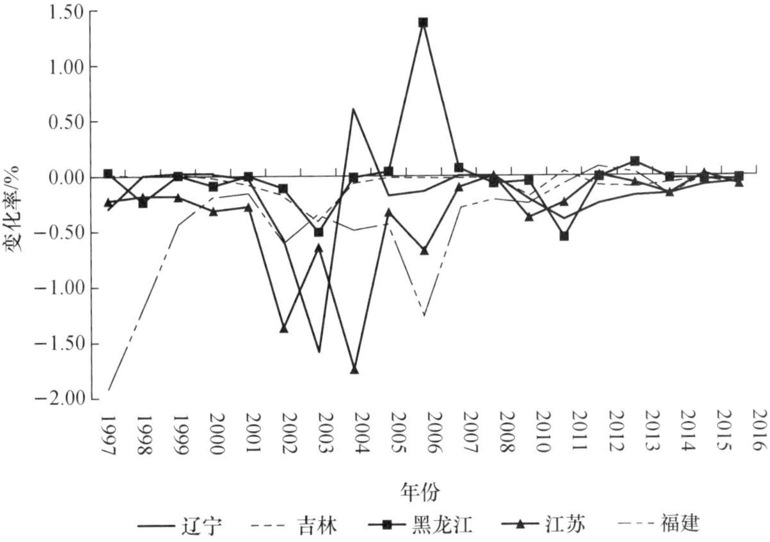

(a)

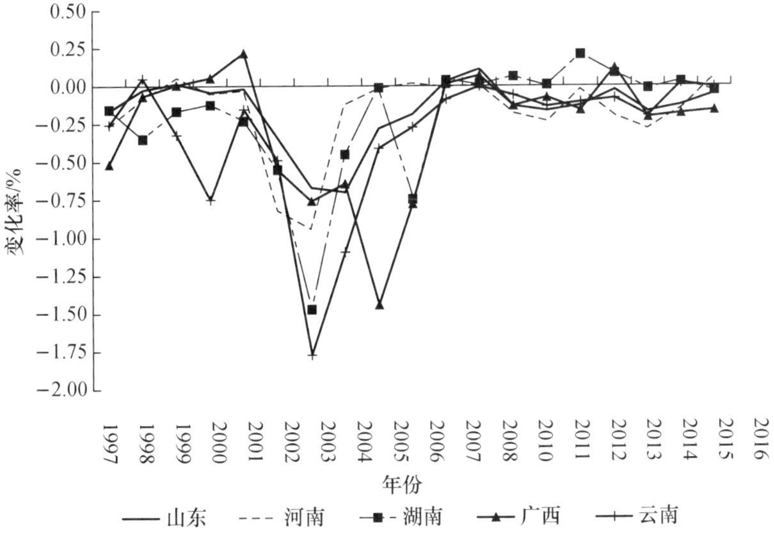

(b)

图 2-7 耕地面积年变化率(基本稳定型)

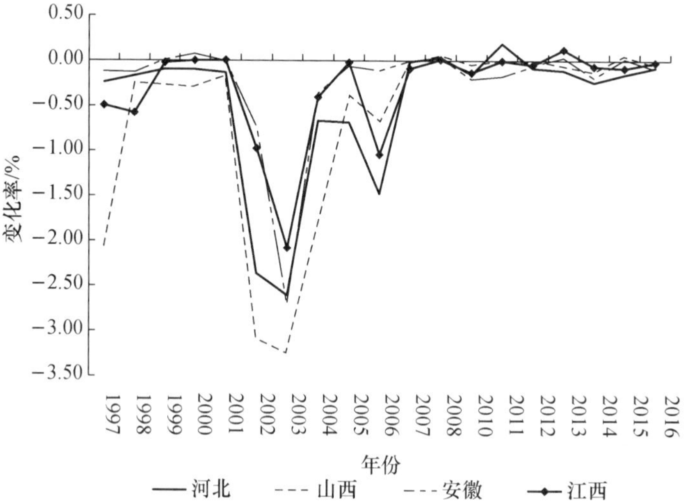

(a)

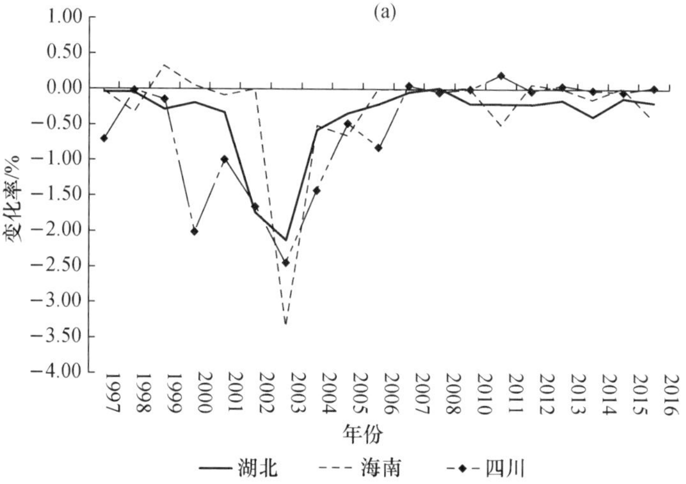

(b)

图 2-8(a)、(b)　耕地面积年变化率(1999—2003 年流失峰值型)

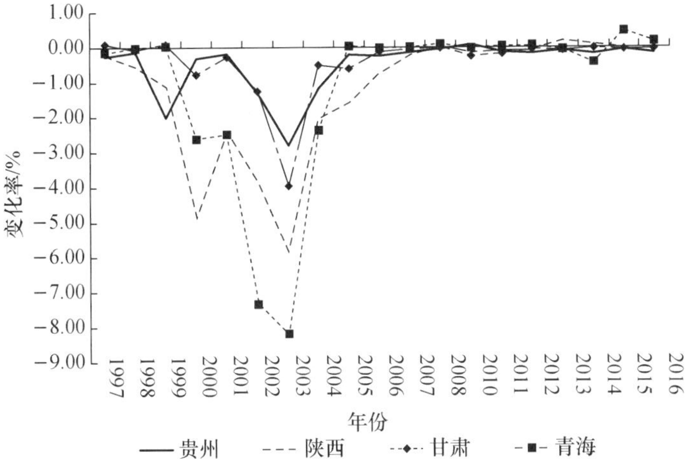

(c)

图 2-8(c) 耕地面积年变化率(1999—2003 年流失峰值型)

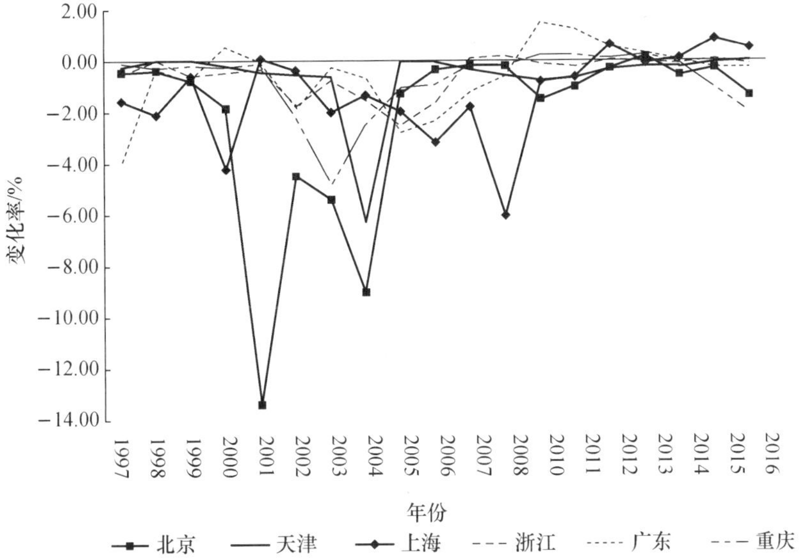

图 2-9 耕地面积年变化率(波动较大、大幅下降型)

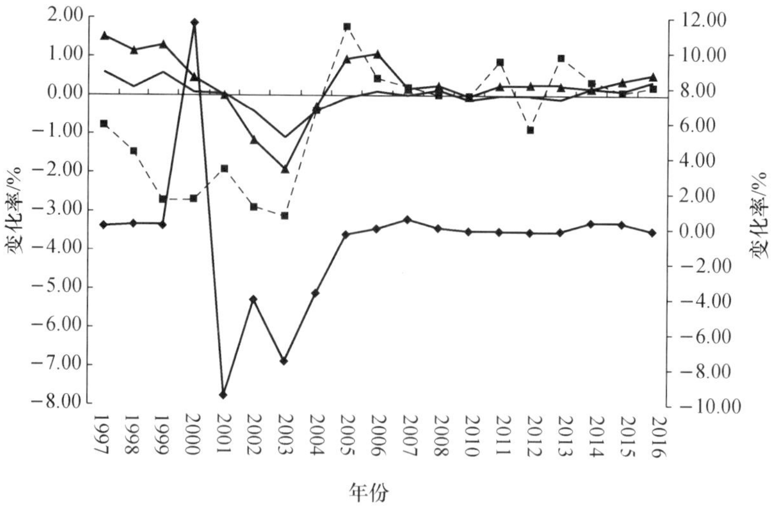

图 2-10 耕地面积年变化率(波动较大、总体上升型)

2.4 耕地保护政策质量保护效果

2.4.1 时间尺度实施效果

1997—2016 年①的耕地生产力及其变化率如图 2-11 所示。由图 2-11 可以看出：1996—2003 年中国耕地生产力变化率不断波动，在 1998 年、2002 年到达生产力升高峰值 4.24%和 3.77%，2000 年生产力下降幅度最大，为－4.74%。1996—2003 年耕地保护政策未着重强调质量保护，全国耕地生产力变化不大，且水平相对较低。随即国家开始加大耕地质量保护的力度，2004 年全国耕地生产力增加了 0.44 t/hm^2，变化率为 8.28%，可见 2004 年前后出台的政策对耕地质量保护有重要作用。2004—2006 年耕地生产力继续上升，但增长率下降到 0.29%，2007 年有小幅下降，变化率为－0.89%，2005—2007 年耕地保护政策的质量保护效果逐渐减弱。耕地生产力在 2008 年出现了较大幅度地增长，增长率到达 6.77%，在 2009 年下降幅度增大，这主要是由第二次全国土地调查导致的耕地面积变化引起的。2009—2016 年耕地生产力持续上升，变化率在 2011 年达到这一时期的最高点 6.15%，随后逐渐下降，可见

① 由于第二次全国土地调查后，和 2008 年相比，2009 年耕地面积变化太大，为了不影响折线图制作，2009 年数据没有放入图 2-11 中。

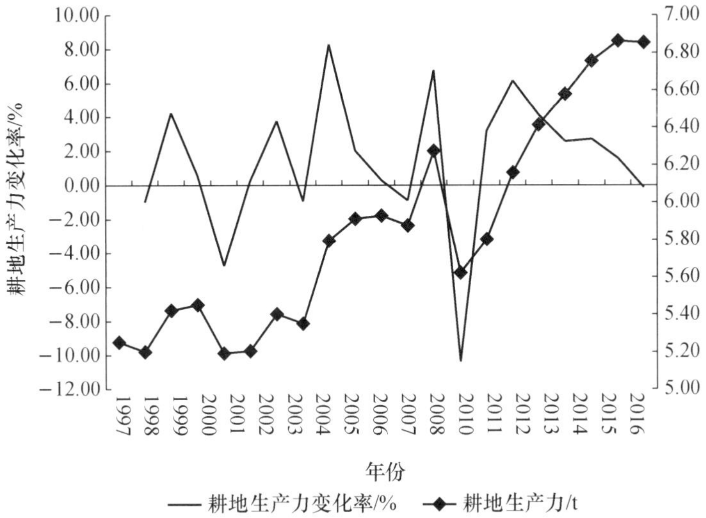

图 2-11 1997—2016 年中国耕地生产力变化

2009—2011 年耕地质量保护尤其是土地整理、复垦等项目实施的效果较之前年份有所提高,随后又逐渐减弱,耕地保护政策对质量保护没有过高的成效。

2.4.2 空间尺度实施效果

耕地保护政策的质量保护效果同样存在空间上的差异,为比较各省(市、自治区)耕地生产力之间的差异和与全国平均水平的关系,计算耕地标准系数(郑海霞和封志明,2003)。

按照耕地标准系数平均值将全国分为高生产区(>2.0)、较高生产区(1.6~2.0)、中生产区(1.2~1.6)、低生产区(0.8~1.2)、极低生产区(0.4~0.8)五个等级。为比较各省(市、自治区)在耕地保护政策发展不同阶段的质量保护效果差异,同时减弱第二次全国土地调查前后数据差异产生的影响,分别计算各省(市、自治区)在1996—2003 年、2004—2008 年、2009—2013 年、2013—2016 年四个时期的耕地标准系数平均变化率。各省(市、自治区)在这四个时期所处生产区等级如表 2-1 所示。

高生产区包括湖南、上海两省(市)。湖南省四个时期的耕地生产力变化率没有太大的波动,耕地标准系数一直下降,2011 年后低于高生产区的水平,耕地保护政策未能减缓质量下降的速度。上海市的耕地标准系数波动较大、下降速度更快,2009—2013 年虽有小幅上升,但 2014—2016 变化率迅速下降达到−12.37%,耕地质量保护的效果极差。

表 2-1　31 省(市、自治区)平均标准系数与生产力等级

省(市、自治区)	平均值	1996—2003 年	2004—2008 年	2009—2013 年	2014—2016 年
湖南	2.034	2.114	2.053	1.988	1.871
上海	2.034	2.161	1.672	2.342	1.786
江西	1.671	1.749	1.670	1.627	1.535
江苏	1.671	1.740	1.574	1.699	1.599
福建	1.603	1.786	1.490	1.526	1.433
广东	1.566	1.779	1.324	1.538	1.453
河南	1.481	1.343	1.559	1.608	1.507
湖北	1.450	1.534	1.424	1.422	1.313
浙江	1.412	1.698	1.310	1.263	1.072
山东	1.399	1.396	1.410	1.440	1.323
四川	1.279	1.384	1.296	1.188	1.122
安徽	1.194	1.220	1.168	1.200	1.161
北京	1.173	1.355	1.122	1.226	0.684
重庆	1.118	1.090	1.125	1.161	1.114
广西	1.105	1.191	1.064	1.057	1.026
河北	1.012	0.954	1.008	1.088	1.047
新疆	0.936	0.845	1.002	0.939	1.067
天津	0.893	0.935	0.861	0.890	0.839
吉林	0.852	0.834	0.913	0.819	0.855
辽宁	0.840	0.849	0.896	0.836	0.732
海南	0.831	0.882	0.752	0.830	0.827
贵州	0.645	0.638	0.656	0.628	0.672
云南	0.632	0.569	0.593	0.705	0.742
宁夏	0.626	0.524	0.679	0.696	0.695
陕西	0.579	0.509	0.592	0.652	0.622
黑龙江	0.570	0.533	0.600	0.582	0.601
西藏	0.531	0.546	0.587	0.488	0.468
青海	0.526	0.491	0.562	0.552	0.516
内蒙古	0.516	0.487	0.519	0.545	0.541
山西	0.515	0.439	0.571	0.539	0.588
甘肃	0.430	0.403	0.431	0.448	0.470

注：高生产区；较高生产区；中生产区；低生产区；极低生产区

较高生产区包括江西、江苏、福建3省。耕地标准系数均有所下降,都从高生产区水平降低到中生产区水平,耕地生产力变化率变化不大,耕地保护政策对质量保护没有明显效果。

中生产区包括广东、河南、湖北、浙江、山东、四川6省。这些省份中仅河南省的耕地生产系数总体上升,由1996—2003年的1.343上升到2014—2016年的1.507,其中2004—2013年保持上升,2014—2016年稍有下降,耕地保护政策对质量保护产生了一定的效果,但越来越差。其余省份的耕地生产系数均有不同程度的降低。其中山东省下降幅度不大,有些时期还有所上升。其余四省的下降幅度较大,尤其是浙江省,耕地标准系数由1996年的1.872下降为2016年的1.078,从较高生产区水平降至中生产区水平,耕地质量保护效果极差。

低生产区包括安徽、北京、重庆、广西、河北、新疆、天津、吉林、辽宁、海南10省(市、自治区)。其中北京市的耕地标准系数由1996年1.655的下降为2016年的0.628,从中生产区水平降至极低生产区水平,尤其是2014—2016年耕地标准系数变化率为−12.50%,耕地质量保护的效果极差。其余省(市、自治区)耕地标准系数变化幅度不大,其中重庆、河北、新疆、吉林4省(市、自治区)总体保持上升,耕地质量保护的效果较好,安徽、广西、天津、辽宁、海南5省(市、自治区)耕地标准系数略有下降,耕地质量保护的效果不明显。

极低生产区包括贵州、云南、宁夏、陕西、黑龙江、西藏、青海、内蒙古、山西、甘肃10省(自治区)。其中西藏自治区1996—2003年耕地标准系数不断上升,之后有所下降,下降幅度不大,耕地质量保护没有明显效果。其余省(市、自治区)耕地标准系数总体有所提高,上升幅度不大,耕地质量保护的效果稍好。

由上述分析可知,北京、上海、浙江的耕地质量保护效果极差。湖南、江西、江苏、福建、广东、湖北、山东、四川、安徽、广西、天津、辽宁、海南、西藏14省(市、自治区)耕地质量保护效果不明显,这些省(市、自治区)主要分布在中国东部、中部地区;河南、重庆、河北、新疆、吉林、贵州、云南、宁夏、陕西、黑龙江、青海、内蒙古、山西、甘肃14省(市、自治区)耕地质量保护的效果稍好,主要分布在中国的西部地区。中国耕地质量保护效果仍从西向东递减,区域差异与数量基本一致。

2.5 耕地保护政策未来趋势

2.5.1 补充耕地全国统筹规范化

2017年1月中共中央、国务院发布的《关于加强耕地保护和改进占补平衡的意见》，是中国耕地保护政策发展历史上新的里程碑，《意见》指出耕地占补平衡可探索补充耕地国家统筹，向国务院申请批准。耕地占补平衡制度自1997年提出以来，减缓了建设用地占用耕地的速度，使国家耕地面积保持相对稳定，对耕地保护有重要作用。历经20年，部分省(市、自治区)由于后备耕地资源不足、经济持续发展等已难以直接实现建设占用和耕地补充之间的平衡(张琳等，2007)，为保持全国范围内耕地数量的稳定，也为充分发挥各省(市、自治区)自然、经济资源的突出优势，进行补充耕地国家统筹具有重要意义。这一举措还可以保障补充耕地质量，避免耕地后备资源不足省(市、自治区)强行补充耕地而无法达到质量要求；维护国家生态安全，避免受自然条件强烈限制省份为完成指标破坏生态环境等。

未来耕地保护向全国统筹的方向发展，但补充耕地全国统筹需要规范化。一是需要制定明确的标准，严格界定耕地后备资源严重匮乏和补充耕地能力严重不足这两个条件，最大限度地利用本地区内可利用的后备耕地资源(朱道林，2017)。二是加大补偿力度，保障补充耕地省(市、自治区)的利益。由于第一产业带来的单位效益远小于第二、三产业，应规范补充耕地指标调剂费用，以及产业转移、基础设施建设支持等其他扶持方式实施的标准，避免扩大经济差距，调动保护耕地地区积极性(陈美球，2017；陈美球等，2018)。三是摸清各省(市、自治区)后备耕地资源情况和复垦、整理耕地的潜力，确保补充耕地省(市、自治区)在一定时期内足以完成本行政区任务再向其他行政区进行协调，保证先进行规划、再补充耕地。

2.5.2 完善耕地质量保护法律体系

目前国家耕地保护政策虽然对于质量保护的力度逐渐加强，但由于发展时间较短，且耕地质量相对数量来说难以量化、变化不明显等，现有政策仍存在一定缺失，没有形成完善的耕地质量保护体系，耕地质量保护效果差(Song 等，2014；杨骥等，2016)：一是政策大多是在强调注重耕地质量保护、提升耕地质量，但对耕地质量保护的具体方法和措施涉及不多，对破坏耕地质量的行为等也没有明确的界定(Song 和 Liu，2017)；二是对于耕地质量保护的要求大多是作为政策的一部分，没有专门的法律对耕地质量保护的权责、奖惩措施和监督等作出规范；三是耕地的质量保护不如数量保护一般深入人心，农民对于耕地质量保护的法律意识淡薄且对保护方法等没有确切的认识。

未来耕地保护政策应继续规范质量保护体系。一是要明确破坏耕地质量的行为、保护耕地质量的方法等，为政策执行制定标准和规范(Shen 等，2017)；二是要制定专门的耕地质量保护政策，规范法律体系，从明确保护的权责主体、监测耕地质量变化，到奖励和惩罚保护和破坏行为、加强监督等各个方面通过立法的途径确立下来(Wang 等,2012);三是加大普法和宣传的力度,让农民意识到耕地质量保护的强制性,并普及稳定耕地质量的方法,如化肥的使用规范等。

2.5.3 调动农户保护耕地的积极性

目前,耕地保护政策主要是通过由上而下推动实行的方式来进行,主要以政府行为和决策为主,而农户作为耕地保护的最小单位,缺乏保护耕地的主动性和积极性、参与程度不够,制约了耕地保护政策的实施效果。

未来耕地保护政策应充分考虑农户意愿,调动农户保护耕地的积极性(周小平等,2017;唐忠和魏素豪,2018)。一是要提升农户在耕地保护中获取的效益,由于人均耕地越少,进行耕地保护性投入的概率越小,且获取的经济利益越低(陈美球等,2008),为激发农户保护耕地积极性,还是应该继续推进城镇化建设、减少农村人口比例,同时加速耕地流转,扩大机械性耕作规模,保障农户在农业生产中获得的利益。二是充分发挥基层组织的作用,协调政府、企业与农户之间的关系,对耕地保护状况进行实时监管,既要规范农户行为,又要保证农户利益不受到侵害。三是要加大宣传、让农户认识到耕地保护的重要性以及能够为他们自身带来的好处,提高他们保护耕地的意识(陈志刚等,2009)。同时通过普及相关的农业知识,开展技术培训,提升农户保护耕地的能力。

2.6 小结

本章对中国以及 31 省(市、自治区)1996—2016 年的耕地净损失率和耕地生产力变化情况进行了分析,反映出全国及各省(市、自治区)耕地数量、质量变化的情况和规律,得出以下结论:

(1)从时间尺度上来看　1986 年、1997 年出台的政策对耕地数量保护起到了较强的作用,2004 年出台的政策对耕地数量、质量保护都取得了相对明显的成效,耕地保护政策执行效果随时间推移而逐渐加强,耕地数量的保护效果已经基本稳定,但质量保护远没有达到要求。

(2)从空间尺度上来看　耕地数量保护在北京、浙江等东部沿海地区的效果最差,在宁夏、新疆等西部地区的效果最好;耕地质量保护的区域差异性基本一致;总的来说,耕地保护政策的效果从东向西递增。

3 中国耕地利用变化驱动机理研究

3.1 引言

耕地是人类赖以生存的基本资源和条件,当前中国耕地存在着建设用地占用、后备资源不足、质量下降等多种问题,给粮食安全带来了严重威胁(曹银贵等,2007;宋蕾和曹银贵,2018;龙花楼和邹健,2010)。分析耕地利用变化并遴选其驱动因子、根据不同功能区解读各驱动因子的作用机理差异,一方面可丰富中国耕地驱动力研究的内涵和理论基础;另一方面可为针对性地制定耕地利用管理及保护对策提供参考。

目前耕地利用变化驱动力研究主要有以下几个方向:一是基于某种特定模型、方法或政策等对驱动因子进行分析或模拟(谭永忠等,2005;曹银贵等,2007;高志强和易维,2012;宋蕾等,2018);二是依据较长时间序列对某区域的耕地利用变化情况进行处理分析(许月卿和李秀彬,2001;曹银贵等,2006);三是在较大空间范围对不同地区耕地利用变化的驱动因子进行对比(He 等,2005;刘旭华等,2005;曹银贵等,2008)。在研究尺度方面,大部分研究基于国家(Ge 和 Dai,2005)、经济圈(曹祺文等,2016)、河流流域(赵锐锋等,2017)和省域(吴霞等,2017)等大中尺度来进行,也有部分研究着眼于市域(Zhao 等,2008;孔静静和魏建新,2014)、县域(Zhao 等,2004)等较小尺度,其中县域尺度的研究数量较少。耕地利用变化的驱动因子一般可分为自然因子和社会经济因子(王秋香,2011;孟鹏等,2013;李常斌等,2014)。自然因子如地形、气候、土壤、水文等,这些因素相对稳定,往往在长时间序列中发挥作用。社会经济因子包括经济状况、人口、区位条件、土地工程等,在短期内对耕地利用变化的影响较大,其中政策因子是引起耕地数量突变的主要驱动因子(杨桂山,2001)。在驱动因子的选择上,绝大多数研究都分析了影响耕地利用变化的人口、经济发展等社会经济因子(肖思思,2013),部分研究将自然因子和政策因子考虑进来(宋戈等,2013;刘永强和龙花楼,2016)。

就耕地利用变化驱动力研究成果分布来看,大多数学者将目光集中在中国东中部经济高速发展地区,取得许多有借鉴意义的成果(濮励杰等,2002;祁元等，2005；朱超洪和刘定惠，2007），而西部地区成果偏少；且耕地利用变化人文驱动力研究较多，自然驱动因素研究较少。中国后备耕地资源不足，主要分布在以新疆为主的西部地区。西部地区又是典型的生态脆弱区，因此对于西部地区耕地利用变化驱动力研究显得尤为重要，如何处理好耕地保护与生态环境保护之间的矛盾值得我们思考。总的来看，当前中国耕地利用变化驱动力研究还存在以下四个问题。

第一，数据来源不统一

准确的数据是保证研究的科学性和准确性的基础。耕地利用变化研究中使用的数据有三种：①中国统计年鉴中的数据。②国土资源部从 1987 年公布的耕地数量增减数据。③各科研院校对遥感影像图进行解译得到的数据（黄秋昊和蔡运龙，2005）。

统计年鉴中的数据公认其统计面积比实际偏小；国土资源部的数据比较权威（封志明等，2005），但耕地增减数据存在时间序列短的问题，不利于进行长时间序列研究；遥感影像解译存在能直接解译内容有限、分辨率不同、人工解译误差等局限。各类耕地数据口径不同严重制约了中国耕地政策的制定和有关耕地利用变化科研项目的进展。

第二，小尺度研究方法单一

目前多数学者倾向于利用宏观经济数据通过线性数学方法进行以省域、市县为尺度的耕地利用变化社会驱动力研究，通过主成分分析、因子分析或相关性分析得到驱动因子后建立耕地利用变化线性回归模型。从系统论的观点看，土地利用变化驱动力存在整体性、层次性、动态变化等特点且驱动力与土地利用变化之间普遍存在的非线性反馈关系（摆万奇和赵士洞，2001）。据计量经济学有关的理论可知，若用大多是非平稳的宏观经济数据进行计量经济分析得出的结论不一定可靠，容易产生假回归现象（龙开胜和陈利根，2007）。因此，利用线性回归的方法进行研究还值得商榷。

第三，驱动因子选择主观性强

由于耕地利用变化驱动力因子的复杂性、多样性及其之间的相互关联性，研究者在选择驱动因子时多采取专家咨询法或根据数据的可获得性凭借以往的研究经验选择驱动因子，存在很大的主观性，会对研究成果的科学性造成影响。

第四，空间尺度研究成果借鉴性弱

空间尺度成果借鉴性弱，具体表现在不同尺度地域耕地利用变化的驱动力种类不同、作用强度不同、表现方式不同，甚至相同的驱动力在不同空间尺度下作用方式也不尽相同。例如白雪等（2009）利用主成分分析法研究乌鲁木齐市耕地利用变化驱动力时指出，农业科技进步提高了粮食单产，有效缓解了粮食压力，为耕地面积减少提供了可能。陈红等(2010)利用 GIS 分析新疆维吾尔自治区耕地利用变化驱动力却得出相反的结论，认为农业科技的进步，使得耕地开发对水土资源的依赖逐渐减弱，可开发的耕地范围不断扩大，因而有利于耕地面积增加。可见不同尺度的研究成果可借鉴性具有局限。

3.2 耕地利用变化驱动力研究趋势

依托 CNKI 数据库，以“耕地利用变化”和“驱动”作为主题词进行检索查得相关文献 564 篇，以学术期刊为主，共 324 篇，约占总文献数量的 57.40%，其次为博硕士学位论文，共 154 篇，约占总数量的 38.70%，来自学术会议等的文献数量较少，仅 22 篇，约占文献总数的 3.90%。

耕地利用变化驱动力研究主要从 21 世纪开始开展，文献数量在 2003 年大幅增长，达到 23 篇，并在之后不断增长。究其可能原因：①中国自 2001 年加入世界贸易组织，第二年 GDP 首超十万亿元，经济的快速发展使建设用地迅速扩张，到 2002 年末耕地面积年减少了 16.86 万 hm^2；②因为 2002 年国家在西部全面开展退耕还林还草等工作，2003 年末耕地面积年减少值为 25.37 万 hm^2，生态脆弱、农牧交错等地区的耕地利用变化驱动力研究迅速开展；③中国制定的多个耕地保护制度在这段时期得以严格执行并取得一定成效，耕地保护与经济发展矛盾的日益突出，驱使粮食主产、大都市边缘等地区的研究数量不断增加。耕地利用变化驱动力的研究成果在 2008 年达到峰值，这可能是由废除农业税等强有力的耕地保护政策导致的。随后文献数量有所下降，于 2011 年后趋于稳定，可能原因一是新的耕地政策出台速度放缓，主要以延伸和补充为主；二是研究方法、模式等没有太大的创新性突破，相关研究数量开始趋于平缓。

相关研究根据研究区域、年限和尺度等主要可分为两类。①对全国、经济圈等大尺度区域的耕地利用变化驱动力进行长时间序列分析，由于耕地利用变化在长时间内主要受国家政策和政府行为等影响，这类研究大都主要考虑了研究年限内的政策背景(张良悦等，2008)。②对特定区域耕地利用变化的驱动因子构建模型定量分析，研究年限多在 5～20 年之间，主要分布在以下区域：一是京津冀、长江三角洲、珠江三角洲等东南沿海地区和城市，这些地区经济发展迅速，耕地利用变化速度快、特征明显，可以较好反映出区域的社会经济因子对耕地利用变化的驱动作用(吴群和郭贯成，2002)；二是甘肃、青海、新疆等西部省(自治区)及其他生态环境条件较差的地区，其中干旱区绿洲(焦继宗，2012)、河流流域(常存等，2016)是该区域研究的重点；另外，湖南、湖北、安徽等中部省份由于经济发展速度逐渐加快，与其担负的全国粮食生产之重任之间的矛盾日益突出，相关研究逐渐开展（李宗尧和杨桂山，2006；张晓玲等，2007）。耕地利用变化驱动力研究体系逐渐完善。首先研究方法不断多元化。如在驱动因子的定量分析方面，前期主要以主成分分析、线性回归等方法为主（濮励杰等，2002），随着研究的不断深入，灰色关联度（祁元等，2005）、Logistic 回归（朱超洪和刘定惠，2007）、STIRPAT（郭雅雯和赵敏娟，2012）等方法和模型以及多方法的组合（武泉，2007）相继应用。二是比较研究逐渐增多。通过对不同阶段、地区或尺度的耕地利用变化进行对比分析，既可直观地反映出耕地利用变化的特点、筛选出主要驱动因子，还可以针对某种驱动力深入分析（吴业等，2007；张瑜，2015）。再者，更多学者将其他学科理论如生态位理论（牛海鹏和张安录，2008）、协整理论（李名勇和晏路明，2010）等纳入到耕地利用变化驱动力研究中来，为研究提供了新的思路。

3.3 耕地利用变化驱动因子机理分析

3.3.1 驱动因子分类及效果

目前耕地利用变化驱动因子大致可分为自然因子和社会经济因子，其分类和驱动机理、效果如表 3-1 所示。

表 3-1 耕地利用变化驱动力的驱动因子、机理及效果

类型	驱动因子	驱动因子分类	驱动机理	驱动效果
自然因子	气候		气候条件的改善使具备了良好的农作物生长条件（杨春艳等，2015；刘普幸和张红侠，2003）	随条件改善增加
	地形地貌		坡度越平缓、高程越低，对于农作物生长就越有利（高志强和易维，2012）	
	土壤		土壤肥力改善，利于农作物生长发育（宋戈等，2013）	

续表 3-1

类型	驱动因子	驱动因子分类	驱动机理	驱动效果
社会经济因子	国家政策	土地改革	农民积极性提高，大量未利用地开荒为耕地（杨桂山，2001；孙燕等，2006）	增加
		大力发展经济	大量不宜耕种的土地开垦为耕地（张永民等，2002；孔萌等，2014）	短期增加后减少
		退耕还林	为了生态环境保护和水土保持，耕地还林还草（郦广路等，2010）	减少
		耕地保护政策	实行最严格的耕地保护政策，严格控制占用耕地（陈会广等，2009）	增加
	经济发展		建设用地扩张占用耕地（张春玲和任志远，2003；曹祺文等，2016）	减少
	人口增长	区域人口增长	研究区域人口数量增加或集聚，建设用地的需求增大（瓦哈甫·哈力克等，2004；周翔等，2014）	减少
		全国人口增长	全国总人口增加，粮食安全的压力增大，耕地需求增多（郇红艳和孙君，2012）	增加
	农业科技进步		单产提高保证粮食安全，耕地向其他利用方式转化（俞勇军和陆玉麒，2002；张婷等，2014）	减少
	区位条件	经济区位	到主要城镇、交通点等距离减小，为经济发展提供便利（Qin 等，2015）	减少
		自然区位	到主要水源地的距离减小，为农业生产提供便利（张景芳等，2007）	增加
	土地工程		对未利用地、损毁土地和利用不合理的土地进行整治（吴佩林等，2004；杜新波等，2013）	增加

3.3.2 驱动机理理论分析

(1)自然因子　驱动耕地利用变化的自然因子主要包括气候、地形地貌、土壤等。首先，恶劣的气候条件如温度过低、降水量少和风沙灾害严重等制约了耕地数量的增加，如甘肃省张掖市耕地利用变化主要受限于当地干旱多风的自然条件（刘普幸和张红侠，2003）；气候条件的改善对耕地增加有积极影响，如西藏自治区近

30年来由于气候变暖带来的年积温不断增加、作物生长期延长等利好条件，耕地面积呈增加趋势(杨春艳等，2015)。地形地貌方面，地形平坦有利于农业设施修建和机械化耕作，而地形起伏较大会使耕地细碎化程度高，机械化操作困难(张荣天和焦华富，2015)，因此耕地面积一般随坡度增加而减少，山地和丘陵地区都不适合发展耕地(战金艳等，2010)。高程增加导致温度降低、交通不便、人类活动减少等不利因素对耕地面积也有较强的抑制作用(宋戈等，2013)。土壤是耕地生产的直接载体，土壤质地、土层厚度等因素的改善通过提升土壤肥力、改善土地生产力对耕地增加起促进作用(宋戈等，2013)。可以看出，自然因子对耕地利用变化的驱动作用主要是通过影响土地生产潜力及适宜性实现的；自然环境改善为未利用地的开发和其他农用地的转化提供了有利条件，耕地面积增加；反之，耕地面积减少。

(2)社会经济因子　影响耕地利用变化的社会经济因子主要包括国家政策以及经济发展、人口、农业科技进步、区位因素和土地工程等。影响耕地面积变化的国家政策主要可分为四个时期，如表3-2所示。新中国成立初期进行了土地改革，生产关系的改善极大调动了农民的生产积极性，且国家大力推行农业合作化和大规模农田水利基本建设，大量未利用地开荒为耕地(杨桂山，2001；孙燕等，2006)。六七十年代，大跃进、人民公社化等政策忽略了耕地本身的生产力限度和生态环境的脆弱性，提出“以粮为纲”“牧民不吃亏心粮”等口号，盲目开垦了大量不宜耕种的土地，耕地面积短期增加，但由于生态环境的恶化和土壤肥力的严重下降，耕地面积锐减(孔萌等，2014)。改革开放后，国家以经济建设为中心，各项经济发展政策和沿海开放、沿江发展等战略的实施使经济发展加快、内外投资增加，建设用地大量占用耕地。20世纪90年代“开发区热”“房地产热”的逐渐升温使耕地进一步被

表3-2　影响耕地利用变化的主要国家政策

主要时期	时间	国家政策及措施	主要内容或耕地保护对策	驱动效果
新中国成立初期	20世纪50年代	土地改革、农业合作化	改善生产关系，推行农业合作化和大规模农田水利基本建设	增加(杨桂山，2001)
“文革”时期	20世纪六七十年代	大跃进、人民公社化运动	“以粮为纲”“牧民不吃亏心粮”等口号	增加(张永民等，2002)
改革开放初期	20世纪80年代初期	农地产权改革、大力发展经济	调动农民生产积极性，以经济建设为中心	减少(孙燕等，2006)

续表 3-2

主要时期	时间	国家政策及措施	主要内容或耕地保护对策	驱动效果
实行最严格耕地保护政策	1986.3	《关于加强土地管理,禁止乱占耕地的通知》	成立国家土地管理局;负责全国土地、城乡地政的统一管理工作;提出“十分珍惜和合理利用每寸土地,切实保护耕地”的基本国策	增加(吴泽斌等,2009;彭凌等,2011;杜继丰和袁中友,2013)
	1987.4	《耕地占用税暂行条例》	占农地建房、获准征用或占用耕地超两年不使用、未经批准或超批准限额、超过农民住宅建房规定标准的单位和个人按例缴纳耕地占用税	
	1994.10	《基本农田保护条例》	实行全面规划、合理利用、用养结合、严格保护的方针	
	1997.4	《关于进一步加强土地管理切实保护耕地的通知》	提出耕地总量动态平衡,并提高耕地质量;占用耕地与开发复垦挂钩	
	1998.8	《中华人民共和国土地管理法》修订	完善了基本农田保护制度;确立建设占用耕地“占一补一”、新增建设用地有偿使用费征收制度等	
	2004.4	《深入开展土地市场治理整顿严格土地管理的紧急通知》	强调补充耕地数量和质量与原有耕地相当;严格控制异地占补平衡,未经国务院批准,不许跨省域占补平衡	
	2008.6	《城乡建设用地增减挂钩试点管理办法》	保证耕地占补平衡,增加耕地有效面积、提高耕地质量	
	2008.8	《全国土地利用总体规划纲要》	重申“18 亿亩耕地红线”,强调集约节约用地和土地生态安全	
	2014.10	《进一步做好永久基本农田划定》	城镇周边、交通沿线现有易被占用的优质耕地优先划定;500 万以上人口特大城市、省会城市、计划单列市先行划定	
	2017.1	《关于加强耕地保护和改进占补平衡的意见》	强调耕地“三位一体”保护,实行最严格的耕地保护和土地节约利用制度,提出多措并举构建耕地保护新格局	

续表 3-2

主要时期	时间	国家政策及措施	主要内容或耕地保护对策	驱动效果
退耕还林工程	1995.6	四川、陕西、甘肃试点		减少（张秋菊等，2003）
	2002.1	西部地区全面启动		
	2002.4	《关于进一步完善退耕还林政策措施的若干意见》	遵循生态优先、因地制宜等原则；科学制订规划；认真落实林权；确保农民口粮供应；做到种苗先行；落实各项配套措施；加强组织领导	
	2002.12	《退耕还林条例》	规定了退耕还林的原则、规划、方式等；明确了退耕还林补助、其他保护保障措施和法律责任	

占用，“圈而不开”还造成土地利用率低下和资源浪费（刘贤赵和杜国云，2003）。后期国家逐渐意识到建设用地盲目扩张带来的社会经济不良影响和生态环境恶化的严峻性，开始实行最严格的耕地保护制度和退耕还林工程。耕地保护制度主要分为“约束型”和“激励型”（刘彦随和乔陆印，2014），前者主要通过强调耕地保护指标、严格控制建设用地占用等强制性手段保证耕地数量不减少，后者主要通过增加耕地收益补偿、提高耕地生产效益等激励性措施调动农民耕作和全社会保护耕地的积极性。这些政策一定程度上促进了耕地的增加（陈会广等，2009），尤其是 1997 年以来，中国不断完善的耕地保护制度体系对遏制耕地减少产生了巨大影响，就如中共中央、国务院发布的《关于进一步加强土地管理切实保护耕地的通知》，提出了保持耕地总量动态平衡、努力提升耕地质量的要求。1997—2002 年，政策遏制减少的耕地共 64.93 万 hm^2，比 1986—1996 年增加了 9.90 万 hm^2（杨立等，2015）。另外，长期盲目毁林开垦和陡坡地、沙化地耕种加剧了水土流失和风沙等危害的风险，为了保护生态环境，部分耕地逐渐还林还草，耕地面积下降（邴广路等，2010）。可以看出，土地兼具生产、承载、生态等多种功能，政策因子主要通过强化或减弱土地某项功能来驱动耕地利用变化。如政策向生产功能倾斜，耕地面积增加；向承载、生态等功能倾斜，耕地面积减少。经济发展初期主要以农业生产为主，这个时期大量后备资源被开发，耕地面积增加；随着经济发展，第二、三产业比重逐渐增加，不可避免地引发了耕地与建设用地之间的矛盾，根据库兹涅茨曲线，经济发展下耕地减少速率呈现出先上升后下降的趋势（许恒周等，2014；曲福田和吴丽梅，2004），即在工业

化进程初期，由于国家政策支持、竞争力小等利好条件，建设用地大量占用耕地；至经济发展到一定水平，建设用地的利用逐渐集约化，利用效率不断提高，耕地占用的压力随之减小。人口持续增长产生了更多的用地需求：第一，增长的人口对土地的生产功能提出了要求，需要足够的耕地面积保证粮食产量；第二，人口增长也导致了更多对住房、就业、教育、基础设施等方面的需求，土地的承载功能得到重视，建设用地不断扩张。由于在合理投入水平下，工业用地的收益远大于相同面积的耕地收益（龙开胜等，2008），这种比较效益的存在使得土地利用向建设用地倾斜。目前中国人均粮食需求量总体较为平稳，变化幅度不大（唐华俊和李哲敏，2012），粮食消费总量有小幅增长的态势（傅兆翔，2017），农业科技进步通过改善自然条件、不断提高利用集约度，改进土地生产力和粮食单产，在满足需求的前提下，人们开始发展经济效益更高的土地利用方式（聂英，2015）。区位因素主要包括自然区位和经济区位，其中自然区位的改善如到水源地的距离减小，相当于间接提高了土地的自然条件，耕地面积增加（张景芳等，2007）。距离城市中心越近，科技条件、市场环境等各方面的优势越明显，越易受到城镇功能外溢的影响，距离稍远的地区也会因为新区开发和新城建设占用大量耕地，建设用地密度从城市中心向外围不断递减（叶玉瑶等，2010）；到交通点和交通线路的距离减小，运输成本降低，形成建设开发的优势区位，耕地面积减少（Qin 等，2015）。土地工程主要包括土地开发、整理和复垦，分别从开垦宜农荒地、提高土地利用效率和恢复损毁土地生产力三个方面直接或间接地增加耕地面积（杜新波等，2013；吴佩林等，2004）。可以看出，上述社会经济因子主要通过影响耕地与建设用地之间的平衡驱动耕地利用变化，如人口增长、经济发展等使平衡向建设用地倾斜，耕地面积减少；土地整理等缓解了建设用地扩张的压力，耕地面积增加。

3.4 耕地利用变化驱动因子区域差异性分析

3.4.1 行政区划尺度

（1）*国家尺度*　国家尺度的研究选取的数据时间跨度较大，方法也比较多样，普遍认为耕地利用变化与经济发展、城市化、政策有关。刘旭华等（2005）基于 GIS 和空间统计模型对全国耕地利用变化驱动力分区研究后认为引起耕地利用变化的驱动机制具有显著的区域差异，在中西部地区自然条件的制约和推动起主导作用，而在东部较发达地区，社会经济、政策的驱动起主要作用，并利用中国 1987 年和 2000 年两期土地利用遥感调查数据，通过人工神经网络对各类型区的耕地利用变化主导因素分析后发现东部沿海地区及四川盆地自1987年到2000年耕地流失严重，城市化、区域经济之间的相互作用、第二、三产业的迅速发展是其主导原因。封志明等(2005)对1949—2003年中国耕地数量变化进行了数据重建，并针对不同时段耕地利用变化驱动力研究后认为耕地资源数量的增减态势基本受耕地相关政策的驱动。曹银贵等(2008)采用二元定距变量相关性分析法筛选出与耕地利用变化密切相关的驱动因子并利用对比分析法分析各因子对耕地利用变化的正负影响程度后得到国民生产总值、人均GDP、固定资产投资等14个主要驱动因子，且与耕地均呈现负相关。李辉霞等(2004)运用Minitab软件，通过最大似然法对自然因素和社会经济因素中选择的多因子进行因子分析后认为人口增长、第三产业的迅速发展、洪涝灾害的频繁发生及水土流失的日益加剧是耕地利用变化的主要驱动力。Deng等(2015)通过城市化模型的分类和经济计量学方法对中国快速城镇化地区城镇化与耕地利用变化之间的关系研究后认为经济增长仍是影响耕地利用变化的最主要因素。

(2)*省域尺度*　省域研究成果颇多，研究者多采用线性研究方法，普遍认为社会经济发展、人口增长、农业科技水平为耕地利用变化主要驱动力。张桂宾等(2007)通过主成分分析法对河南省耕地利用变化研究后认为河南省耕地减少的驱动力为农业科技进步、社会发展水平和经济发展水平。邵晓梅等(2001)通过建立土地资源数据库，应用主成分分析和GIS定量分析对20世纪50年代以来山东省耕地空间变化规律研究后认为经济发展、社会系统压力、农业科技进步是耕地利用变化的三大驱动力。陈朝等(2006)通过文献资料法和模糊综合分析模型将湖北省耕地利用变化驱动力分为生存型经济福利驱动、最优经济福利驱动、生态安全与环境福利驱动、粮食安全驱动并对省内各市进行驱动力空间分区。郑筠等(2014)利用偏相关分析、聚类分析结合主成分分析处理数据，通过偏最小二乘法建立耕地驱动力模型对湖南省耕地资源数量变化研究后认为人口增长因素是耕地面积最大的影响因素，具体表现为第三产业从业人员对耕地面积负相关、第一产业从业人员和农业人口对耕地面积呈正相关。Chen等(2007)利用灰关联分析法对影响耕地利用变化的因子进行分级，通过对比分析对福建省、台湾省这两个在生物物理、文化特征等方面相似的省份研究后发现两个区域在不同时期经济发展相似的阶段耕地利用变化相似，突出了经济发展在耕地利用变化中的重要作用。杜新波等(2013)通过定性分析与定量分析相结合的方法结合青海省2000—2008年耕地利用变化的特点和区域发展的特征，从耕地保护政策、生态退耕工程、土地开发整理工程、重大建设工程、人口与民族因素和城镇化进程6个方面分析了青海省耕地利用变化的驱动力。

(3)地区尺度　地区尺度作为小尺度区域研究，具有驱动因子易选择、系统反馈明显、驱动作用突出等特点。研究普遍表明人口因素和经济因素是导致耕地利用变化的主要因素。吴大放等(2014)基于GIS、SPSS、GeoSOS软件通过Logistic—CA模型，从空间角度对广东珠海市耕地利用变化机理深入分析后认为耕地快速减少是由以耕地与交通路线距离和与城镇中心距离为代表的人文因素和以高程和坡度对耕地分布的制约为主的自然因素共同导致。王瑞发等(2013)利用耕地利用动态度、区域差异指数、环境-收入理论关系曲线及经济理论，通过比较灰色关联度分析、主成分分析、多元回归分析三种方法对山东青岛市2000—2009年耕地利用变化特点和驱动因子研究后认为耕地利用变化主要驱动因子为人口城市化、经济建设和产业结构。巴哈尔古丽·吾甫尔等(2012)利用30年新疆巴州地区耕地长时间序列数据，运用主成分分析法和多元线性回归对巴州地区耕地利用变化驱动力分析后认为经济发展和人口是引起巴州地区耕地利用变化关键驱动因子，农业生产因素影响较小。Wu等(2009)基于RS和GIS通过回归分析法对福建福州市1989—2005年土地利用变化状况分析后认为导致耕地减少的主要驱动因子为人口增长、经济发展和农业结构调整，并指出政府的政策没有对保护耕地、遏制建设用地扩张没有起到很好的效果。赵小汎等(2008)采用因子相关分析、主成分分析和回归模型分析方法，通过比较耕地和建设用地变化驱动力对江西南昌市1991—2005年土地利用变化研究后认为社会经济因素对耕地面积变化起负向驱动作用，自然因素虽起正向驱动作用，但影响强度较小。

3.4.2　功能分区尺度

目前在功能分区尺度上，耕地利用变化驱动研究集中在快速城市化地区(孙强等，2007；乔伟峰等，2012)、大都市边缘地区(于伯华和吕昌河，2008；唐常春等，2006)、粮食主产地区(龚健等，2014；邵晓梅等，2001)、生态脆弱地区(张希彪和上官周平，2006；田源等，2009)、不同景观类型交错带(张春玲和任志远，2003)等区域。其中快速城市化地区、粮食主产地区因耕地保护与经济发展矛盾突出致使土地利用变化相对强烈，粮食主产区更是担负着较大的粮食生产压力；而生态脆弱地区因其生态环境的特殊性，土地利用变化对区域影响重大。因此，本部分重点剖析了地域特色明显、耕地利用变化特征突出、驱动因子典型的上述地区耕地利用变化的驱动因子、机理及效果。

(1)快速城镇化地区　快速城市化地区具有人多地少、经济发展迅速、城镇化水平高等特点，其耕地流失现象严重，大部分转化为建设用地。分析该地区耕地利用变化的驱动力，可深度探究社会经济发展对耕地利用变化的驱动作用，为城市化进程仍处于中低阶段地区未来的土地利用方向提供参考。吴佩林等(2004)和韩会然等(2015)认为北京市20世纪80年代以来耕地减少的原因主要是农业产业结构的调整和城乡建设用地的扩张,而人口的增加和聚集、经济发展和城市化水平的提高是耕地被占用的根源。周翔等(2014)在研究苏锡常地区耕地利用变化时认为人口、经济发展等因素造成耕地逐渐流失,而耕地利用变化过程由不同时期的国家政策决定。郑海霞等(2007)分析得出绍兴市近年来耕地减少是人口增长、经济发展、工业化、基础设施建设和农业结构调整等驱动因素共同作用的结果。综上可以得出,快速城市化地区耕地利用变化的驱动力主要是政策因子和社会经济因子。一是外来人口的大量涌入致使人口密度大幅度增加。二是由于经济快速发展,农业结构不断调整、建设用地持续扩张,尤其快速城市化地区耕地更多发挥的是其社会效益而非经济效益(曾祥坤等,2009);但随着发展阶段的推进,土地利用集约化程度逐渐提高,缓解了耕地保护的压力。三是国家政策的调控,一方面国家各项经济发展政策和战略的实施加快了经济发展的速度,激化了建设用地和耕地之间的矛盾。另一方面国家为缓解这一矛盾出台的耕地保护政策,在一定程度上遏制了耕地减少的势头(杨桂山,2001)。

(2)粮食主产地区　粮食主产地区的自然条件适合种植某些粮食作物并具有一定的资源、技术等比较优势。这些地区一方面因其经济发展需求使耕地数量有所下降,另一方面国家政策的压力和功能区的定位抑制其耕地数量的减少。因粮食主产地区在全国粮食生产中有举足轻重的作用,分析该地区的耕地利用变化驱动力、对充分发挥其粮食生产功能、保障中国粮食安全有着重要意义。Xu等(2010)通过比较分析得到影响湖北省建设用地和耕地利用变化的因素作用相反。郇红艳等(2012)以安徽省阜阳市为例,得出建设占用是耕地减少的主要原因,但在粮食主产地区的粮食安全保障功能要求下,经济发展等因素的驱动程度远不如快速城市化地区显著。张婷等(2014)在研究江西省耕地利用变化时指出经济发展、人口增加和农业科技进步导致耕地数量减少,而2003年自然灾害后为保证粮食供给开始调整农业结构,其耕地数量又有所增加。可以看出,粮食主产地区的耕地利用变化受自然因子、政策因子和社会经济因子的共同驱动。自然因子通过影响土地质量驱动耕地与其他用地类型的相互转化。社会经济因子主要包括经济发展、人口增长和农业科技进步等,人口方面除了区域性增长造成耕地数量的减少之外,还由于全国人口增长对粮食安全产生的压力,促使该区域耕地面积增加。再者,国家实行的最严格的耕地保护政策也促进了耕地数量的提高。

(3)生态脆弱地区　生态脆弱地区具有人口较少、城镇化水平较低、生态条件较差等特点,耕地数量主要因退耕还林逐渐减少,生态环境的不断恶化也是影响其变化的一个重要因素。该地区虽面积广阔，但由于生态环境恶劣导致耕地不足、过度开垦致使土地退化严重，研究该地区的耕地利用变化不仅是当地经济、资源和环境可持续发展的前提（蒙吉军和李正国，2003），更对全国生态环境的可持续发展有着重要影响（张兰生等，1997）。刘普幸等（2003）和邴广路等（2010）对甘肃省张掖市的耕地利用变化进行了研究，认为狭长的条状地形和水资源的短缺导致土地荒漠化严重，引起耕地数量下降，经济发展和农耕技术的提高也间接减少了耕地数量。孔萌等（2014）认为内蒙古乌兰察布市耕地数量的不断减少是因为自然条件的进一步恶化和人口数量的逐渐增加，西部大开发政策和鼓励退耕还林还草等也对耕地利用变化产生了巨大影响。总结现有研究得出，生态脆弱地区的耕地利用变化主要受自然因子和政策因子驱动，部分水热条件较好、经济发展较快的地区社会经济因子作用相对明显。绝大部分地区的耕地面积主要受恶劣的自然环境制约。人口方面比较特殊的是，该地区少数民族集居，部分少数民族由于贫困落后，对先进的农业生产技术等存在排斥心理（杜新波等，2013），间接影响了耕地利用变化进程。国家政策方面，早期盲目开发使得人们大面积的毁林垦草种粮，加重了这些地区生态脆弱的程度，耕地流失严重（孔萌等，2014）；后期西部大开发等政策出于保护生态环境的考量，逐渐退耕还林还草，耕地面积大幅下降。

3.5 小结

随着工业化和城市化进程的推进，耕地资源不断流失，耕地供需矛盾日益扩大（王万茂和韩桐魁，2002）。耕地作为一种重要的自然资源和社会资源，不仅对于保障粮食安全具有重要意义，而且还具一定的生态服务价值（曹银贵等，2013）。改革开放以来，随着中国工业化、城市化进程的不断推进，耕地保护面临着前所未有的压力。在保护耕地与经济发展的矛盾日益突出的背景下加强耕地利用变化驱动力研究意义重大。对于中国耕地利用变化驱动力研究而言，还需要从如下三方面进行延伸。

(1)全面考虑耕地利用变化的内涵　耕地利用变化的内涵受中国耕地保护政策的演变历程影响。早期强调严守耕地红线，主要着眼于耕地的数量管控，因此目前相关研究大多侧重于耕地数量变化，本章也主要综述了耕地数量变化的驱动因子及机理。然而随着耕地质量的逐渐下降和生态环境的日益恶化，耕地保护政策又增加了质量监管和生态保护的要求：在“占一补一”基础上要求“占优补优”，即在保证耕地数量的同时维持和提升耕地质量；2017 年发布的《关于加强耕地保护和改进占补平衡的意见》又强调了数量、质量和生态“三位一体”保护，要求兼顾耕地的景观、生态等功能。可见在关注数量变化情况的同时对耕地质量、生态变化进行进一步的分析，是真正实现耕地总量动态平衡、全面保护耕地的重要途径。因此，未来研究需强化耕地的质量、生态变化，即全面考虑耕地利用变化的内涵。

(2)定量研究影响耕地利用变化的政策因子　政策因子于任意尺度、区域、时间段内都在影响耕地利用变化中扮演着不可或缺的角色(Cao 等，2013)。现有研究中虽然对于影响耕地利用变化的政策因子有所考虑，但大多是通过定性描述来进行，无法与其他因素的影响强度和方向进行统一测算和比较，今后可以探究更多量化政策因子的模型和方法。再者，目前量化政策因素时大部分学者会将不同政策的作用强度进行赋值，这个过程中可能会因研究者习惯和能力等主观因素使结果产生偏差，对不同时期的耕地保护政策在不同区域实行效果和强度进行测算和分析，从而能够统一赋值标准使研究成果具有更高的可比性，同时更具有针对性地制定区域的耕地保护政策，也是今后研究发展的方向。

(3)衔接机理分析与对策制定　本章分析了各种自然因子、政策因子和社会经济因子对耕地数量变化的驱动机理和效果，同时指出不同尺度下的典型驱动因子和驱动机理的共性与区别。未来研究可以继续深入探讨如何根据地区主要驱动因子的作用机理，结合地区功能定位、经济发展阶段等各个方面有针对性地提出各项耕地保护和经济发展政策，即将机理研究与政策制定紧密结合起来，从而寻求合理的土地利用布局，实现土地资源的可持续利用。

4 中国耕地利用变化研究方法分析

4.1 引言

目前,中国耕地利用变化特征、驱动和模拟方法研究已经取得了丰硕成果,但是依然存在研究结构单一,研究区域尺度比较单一,在国家和乡村尺度上的研究较少;研究时间比较短,很少有基于长时间序列进行的研究。通过综合分析,未来耕地利用变化特征、驱动与模拟研究方法的发展趋势主要集中在以下几个方面:①耕地利用变化特征、驱动与模拟的研究方法总体上会由单向、静态的转变为双向、动态的方法。在现有方法的基础上,结合技术进步、现实生活、生产力提高和对生态环境的新要求,对不同研究区域,不同研究尺度上适用的研究方法予以进一步细化及外延拓展,注重多种方法组合应用,取长补短。②耕地利用变化特征的研究方法会与"动态区划法"逐渐融合,即边界的推移、区划单元内部特征的变化与单元的消长等;以及"变化过程的格局",揭示耕地利用"格局"与"过程"之间的交替转化规律,以及不同类型和区域的变化原因(刘纪远等,2014)。当前多数有关耕地利用变化特征的研究以固定区划区域作为研究对象,极少研究区划单元内部变化的特征,忽略了耕地利用变化由于空间区位的不同所产生的双向转变过程。因此,未来与动态区划法相融合的考虑耕地利用双向转变过程的研究方法将成为耕地利用变化特征研究方法的发展方向。③耕地利用变化驱动的研究方法会朝着定性和定量相结合的方向逐步发展,逐渐向全定量的方向发展。目前多数有关耕地利用变化驱动的研究通过主成分分析、因子分析或相关性分析得到驱动因子后建立耕地利用变化线性回归模型,但驱动力与土地利用变化之间普遍存在的非线性反馈关系(摆万奇和赵士洞,2001),据计量经济学有关的理论可知,当前研究中采用数学方法都暗含其变量都是平稳时间序列的假定,但大多数变量都是非平稳的,运用这样的数据进行分析可能会导致伪回归现象出现(龙开胜和陈利根,2007)。因此,利用线性回归的方法进行耕地利用变化驱动研究结果的真实性还值得商榷。④耕地利用变化模拟的研究会运用更多的综合模型,单一尺度单个模型不能解决跨尺度因素对耕地利用变化的影响。双向耦合土地利用变化模型与其他地球系统模型以解释人地系统机制是土地变化模型的重要发展方向之一(Robinson 等,2018)。耕地利用变化模拟模型大多是预测耕地利用变化过程,模拟模型通过人类价值判断进行优化后,有助于为区域管理和政策制定提供支持(戴尔阜和马良,2018)。从成因的角度对耕地利用变化进行预测,涉及耕地利用变化原因的研究方法应是以后重点考虑的模拟方法。未来综合模型跨尺度融合将成为耕地利用变化模拟研究方法的发展方向。

4.2 耕地利用变化研究区域尺度划分

耕地利用变化是很复杂的过程,为了减少研究过程中的片面性,必须进行综合的、有层次的研究。土地利用变化中的格局、过程、驱动力、效应与管理都具有尺度依赖性(陈睿山和蔡运龙,2010),耕地利用变化作为土地利用变化中的重要部分,其驱动和模拟的研究也具有尺度依赖性,只有多尺度的综合才能反映土地利用变化的实质,并预测土地利用变化的未来情景(Muter 等,1995;Kampala 和 Limbin,2001;李秀彬,2002;Verburg 等,2004;Gutman 等,2004)。

研究中主要以空间尺度进行划分,对筛选后的文献进行仔细整理、分类和统计后,对耕地利用变化驱动和模拟的研究方法分别划分了各自的空间尺度。对于耕地利用变化驱动的研究方法分析,大致将尺度划分为省级尺度、城市群尺度、地级市尺度、县级尺度;对于耕地利用变化模拟的研究方法分析,大致将尺度划分为国家尺度、省级尺度、城市群尺度、地级市尺度、县级尺度、乡镇尺度。其中流域跨越多个地市的归为城市群尺度,流域在某市境内的归为地级市尺度。

4.3 耕地利用变化特征研究方法分析

耕地利用变化包括耕地利用数量、利用强度和利用方式的变化,这种变化因具体时间和区域不同而具有一定的时空变化特征(蔡银莺和张安录,2004)。不同地区的耕地利用有非常大的差异,很难找到共同的变化特征,但相邻乡镇的自然和社会经济条件相差不多,可以近似看作有相同的耕地利用变化特征。因此,以“耕地利用变化特征”为主题词进行筛选,得到的文献(表 4-1)大多以省级(史利江等,2012)、城市群(何书金等,2002;史洋洋等,2017;于杰等,2017)、地级市(郭晓丽等,2010;阿卜来海提·达吾提和瓦哈甫·哈力克,2013)、县级(孔祥斌等,2003;姚慧敏和张玉婷,2009;常成等,2010;仇恒佳等,2006)尺度区域开展相关研究。

表 4-1　耕地利用变化特征有关文献的方法分析

研究方法	研究区域	研究尺度	适用范围	方法优势	方法不足
数理统计法	环渤海地区（何书金等，2002）	城市群尺度	耕地利用情况和变化趋势、变化特征	数据收集比较简单、处理方便、研究花费时间短	数理统计法得到的结果相对简单化，研究得到的结果也不够深入
	山西省长治市（郭晓丽等，2010）	地级市尺度			
	山东省曲周县（孔祥斌等，2003）、垦利县（姚慧敏和张玉婷，2009）	县级尺度			
耕地利用转型图谱	江苏省沿海地区（史洋洋等，2017）	城市群尺度	耕地利用时空演变规律特征	能把表示耕地利用转型的空间单元特征的图与表示耕地利用转型发展起点与过程的谱有机统一，更好地展现耕地利用转型时空格局与过程变化特征（史洋洋等，2017）	土地利用变化现象是错综复杂的，可能会因为遥感图像的精度问题导致土地利用类型的分类较为粗糙；而且图谱空间单元由于区域地理环境的问题较难划分辨别（张琦等，2017）
时间序列分析＋典型调查分析	江苏省苏州市吴中区（仇恒佳等，2006）	县级尺度	耕地利用时间变化特征	能对不同时期用地效率和技术进步进行动态衡量（仇恒佳等，2006）	时间序列数据中挖掘算法都是普适性的算法，预测效果相对较弱（罗芳琼和吴春梅，2009）

续表 4-1

研究方法	研究区域	研究尺度	适用范围	方法优势	方法不足
耕地利用动态度＋核密度计算方法	三江平原东北部(于杰等,2017)	城市群尺度	耕地分布变化特征	耕地利用动态度可以定量描述区域耕地利用变化的速度,对比较耕地利用变化区域差异和预测未来耕地利用趋势具有重要意义(于杰等,2017);核密度计算方法是一种非参数密度估计的统计方法,是热点和冷区识别的一种有益性探测的方法(李红波等,2014)。两种方法相结合可以在分析区域耕地动态变化的同时确定耕地空间分布的密度	耕地利用动态度仅考虑了单向土地利用类型之间的相互转化过程,忽略了土地利用变化由于空间区位的不同所产生的双向转变过程
土地利用动态度＋土地利用相对变化率	新疆维吾尔自治区哈密地区(阿卜来海提・达吾提和瓦哈甫・哈力克,2013)	地级市尺度	耕地利用空间变化特点	利用土地利用动态度能够反映出各种土地利用类型面积的变化幅度、变化速度以及在区域土地利用变化中的类型差异,并且利用该模型可以真实反映出区域土地利用类型的变化剧烈程度(阿卜来海提・达吾提和瓦哈甫・哈力克,2013)。它对比较土地利用变化的区域差异和预测未来土地利用变化趋势都有积极的作用(李忠锋等,2003)	对土地利用变化过程中的非连续性因素还不能进行有效的模拟,无法对其相互间的作用过程与机制进行分析

续表 4-1

研究方法	研究区域	研究尺度	适用范围	方法优势	方法不足
耕地利用动态度	三江平原东北部（于杰等，2017）	城市群尺度	定量描述区域内一定范围内某种土地利用类型的变化速度	对比较土地利用变化的区域差异和预测未来土地利用变化趋势具有积极意义（李忠锋等，2003）	考虑了单向土地利用类型之间的相互转化过程，忽略了土地利用变化由于空间区位的不同所产生的双向转变过程，运用模型的测算过程不能识别和反映土地快速扩展的态势，与实际情况出入较大
	上海市（史利江等，2012）	省级尺度			
	山东省蒙阴县（常成等，2010）	县级尺度			
RS＋GIS	江苏省苏州市吴中区（仇恒佳等，2006）	县级尺度	耕地利用空间变化特征	Archaist 可以将不同时期的矢量文件进行叠置分析，从图像差别可以分析出整个阶段耕地利用变化情况（仇恒佳等，2006）	不能明确导致耕地利用特征变化的因素

经过统计发现，数理统计法使用的频率相对较高，适合各种尺度的研究，但在简单的数理统计基础上进行深度的特征研究甚至是预测未来耕地利用的变化趋势是十分困难的；对于较容易取得遥感图像的地区来说，可以考虑使用耕地利用转型图谱或者 RS+GIS 的研究方法，能够直观的从影像中看出耕地利用变化的时空格局和特征，但是在很大程度上会受到图像精度的影响；如果在确定耕地利用变化特征之外还需要进行其他的工作如确定耕地分布的空间密度或者耕地利用变化的速度，可以采取耕地利用动态度＋核密度计算方法或者土地利用动态度＋土地利用相对变化率方法，但这两种方法不能深入地对土地利用类型之间双向转变过程进行深入的分析与模拟。

4.4 耕地利用变化驱动研究方法分析

土地利用变化驱动力的研究可以揭示土地利用变化的内在机制，预测未来的变化方向，因而成为土地利用变化的核心内容(摆万奇和赵士洞，2001)。影响耕地利用变化的驱动因子既有自然因子，也有社会经济因子。在短时间内，自然因子因其相对稳定，对耕地利用变化影响较小；社会经济因子因其发展变化较快，因而耕地利用变化受到其强烈的影响(林志垒，2001)。因此，进行耕地利用变化驱动研究的文献，主要研究的驱动因子都是社会经济因子。以“耕地利用变化驱动”为主题词进行筛选，得到 143 篇相关文献(表 4-2)，筛选后得到的文献主要以省(佘国强，2005；陈凌维等，2007；朱超洪和刘定惠，2007；徐志瑞等，2011；张淼和金涛，2013；郇红艳等，2013；张婷等，2014；刘颖等，2015；)、城市群(曹银贵等，2007；张延军等，2013；吴春辉等，2014；陈肖飞等，2015)、地级市(宋鄂平等，2006；汪微等，2008；曾祥坤等，2009；李春华等，2010；杜亚娟等，2011；徐国良等，2016)、县(张秋菊等，2003；董杰等，2005；丁武泉，2007；于伯华和吕昌河，2008；刘英等，2010；黄好和朱红波，2010；张涛和梅昀，2010；周扬等，2015；徐珊等，2014)等作为研究对象，原因是土地利用变化的驱动因子复杂多样，并且具有动态性、综合性、多层次性、反馈作用和非线性特征，任一驱动因子对土地利用变化的影响必须放在大的区域背景下和相互作用的动态过程中考虑(陈睿山和蔡运龙，2010)。

表 4-2　耕地利用变化驱动有关文献的方法分析

研究方法	研究区域	研究尺度	适用范围	方法优势	方法不足
数理统计法	广西壮族自治区(陈凌维等,2007)	省级尺度	耕地利用驱动力	数据收集比较简单、处理方便、研究花费时间短	直接按照个人经验确定驱动因子,研究结果受主观因素影响较大
	湖北省武汉市(宋鄂平等,2006)	地级市尺度			
	山东省曲周县(Kampala 和 Limbin,2001)、忠县(董杰等,2005)	县级尺度			
逐步回归分析法	湖南省(佘国强,2005)	省级尺度	影响耕地利用变化的驱动因子	研究各经济社会驱动因子同耕地利用变化之间的关系,揭示耕地利用变化的驱动机制	当回归方程中自变量过多可能会使计算量增大、预报精度降低、影响回归方程稳定性使方程质量降低。回归方程因子引入可能不顾准确,从而得不到最优回归方程(周文芳和李民,2004)
	陕西省杨凌示范区(刘英等,2010)	县级尺度			
主成分分析法	四川省(刘颖等,2015)、江苏省(张淼和金涛,2013)	省级尺度	耕地利用变化驱动因子	主成分分析法可以实现复杂系统简单化,进而对系统发展进行综合评价(刘颖等,2015)	社会经济驱动因子与耕地利用变化之间往往是复杂的、非线性的反馈关系,建立的线性或者指数回归模型并不理想,一些重要的驱动因子难以通过统计学检验而不能进入回归模型,这无疑削弱了模型的解释力,导致模型的适应能力差(熊华等,2009)
	吉林省西部(张延军等,2013)	城市群尺度			
	黑龙江省大庆市(杜亚娟等,2011)	地级市尺度			

续表 4-2

研究方法	研究区域	研究尺度	适用范围	方法优势	方法不足
主成分分析法+相关分析法	云南省(徐志瑞等,2011)	省级尺度	耕地利用变化驱动力研究	在驱动力研究中,鉴于影响耕地利用变化的驱动因素较多,直接分析比较复杂,也容易影响分析的效果,因此先采取相关分析再进行主成分分析,以此来确定影响耕地利用变化的主要驱动因子(汪燕衍和梅昀,2010)	一些重要的驱动因子难以通过统计学检验而不能进入回归模型,这无疑削弱了模型的解释力,导致模型的适应能力差(熊华等,2009)
	广东省佛山市(徐国良等,2016)	地级市尺度			
	四川省邛崃市(黄好和朱红波,2010)、公安县(张涛和梅昀,2010)	县级尺度			
主成分分析+相关分析+回归分析法	江西省(张婷等,2014)	省级尺度	耕地数量变化主要驱动力	由于耕地数量变化的各驱动因子不仅与因变量(耕地面积)之间存在相关关系,而且相互之间也存在耦合关联。如果用单纯的相关分析,必定存在一定的误差冗余(汪朝辉等,2003)	一些重要的驱动因子难以通过统计学检验而不能进入回归模型,这无疑削弱了模型的解释力,导致模型的适应能力差(熊华等,2009)
	北京市顺义区(于伯华和吕昌河,2008)	县级尺度			
因子分析+系统聚类方法	苏皖地区(郇红艳等,2013)	省级尺度	耕地利用变化的主要驱动因子	因子分析属于多元统计中处理降维的一种统计方法,它是通过多项指标相关系数矩阵来研究其内部相关关系,把构成评价指标体系的各项指标综合为数量较少的几个公共因子,以再现原始变量与因子之间的内在联系。聚类分析可以分析一个地区不同经济发展阶段城市的城市耕地非农化驱动因素类别特征;操作简单,能细致地看出小类聚为大类的过程(郇红艳等,2013)	一旦一组对象合并后,下一步将在新生成的类上进行;已做的处理不能撤销,类之间不能交换对象(田兵,2014)
	湖北省襄樊市(汪微等,2008)	地级市尺度			

续表 4-2

研究方法	研究区域	研究尺度	适用范围	方法优势	方法不足
灰色关联度分析法	安徽省(朱超洪和刘定惠,2007)	省级尺度	耕地利用变化的主要驱动因素	能够较为清晰地度量系统各因素之间相关程度的客观大小,从而能够较为准确地判断引起该系统发展的要素的主次关系(张沁文等,1989)	灰色关联分析法十分依赖参考数列的准确性,已有研究常采用单一参考数列对研究项目进行评价,致使参考数列取值的准确与否直接影响评价结果的准确度;过于依赖数学定量分析,忽视指标的实际影响
	关中地区(吴春辉等,2014)	城市群尺度			
	河南省内黄县(周扬等,2015)	县级尺度			
主成分分析法+灰色关联度分析法	四川省井研县(丁武泉,2007)	县级尺度	耕地利用变化的驱动力因子	主成分分析可以将若干个自变量压缩为几个独立成分,以此来减弱自变量之间的相互干扰。为综合反映土地利用变化的驱动力,采用灰色关联度分析进行进一步分析(丁武泉,2007)	过于依赖数学定量分析,忽视指标的实际影响

续表 4-2

研究方法	研究区域	研究尺度	适用范围	方法优势	方法不足
典型相关分析	陕西省安塞县（张秋菊等，2003）	县级尺度	耕地利用变化影响因子分析	可分离出各地类与社会经济因子之间定量的关系（曹银贵等，2007）	冗余指数分析起来比较困难
	三峡库区（曹银贵等，2007）	城市群尺度			
STIRPAT多变量非线性模型	长江三角洲（陈肖飞等，2015）	城市群尺度	耕地资源驱动因子分析	能较好地解决模型的异方差性（李春华等，2010）	在进行回归分析时可能会出现多重共线性问题，STIRPAT模型解决该问题比较困难
	湖南省长沙市（李春华等，2010）	地级市尺度			
Logistic模型	黑龙江省巴彦县（徐珊等，2014）	县级尺度	耕地资源变化驱动因子	在研究人文驱动因子时考虑了资源与环境的作用，而且预测方法科学，预测结果误差小（张乐勤和陈发奎，2014）	Logistic模型与样本关系很大，必须保证样本数量足够多才可以提高精确度（张乐勤和陈发奎，2014）
	广东省深圳市（曾祥坤等，2009）	地级市尺度			

经过统计发现，主成分分析法以及与该方法相结合的研究方法使用频率最高，原因是主成分分析法主要的研究对象是人文因子，而人文因子是耕地利用变化的主要驱动因子，与此同时该方法也可以使复杂系统简单化，与主成分分析法相叠加的方法既可以弥补主成分分析法的不足又可以展现出新方法的优势，同时此方法适用于任何尺度，但依然存在伪回归现象；运用单纯的数理统计法进行耕地利用变化驱动因素分析时，由于初始驱动因素是主观决定的，因此该方法受研究者主观因素影响较大；单纯的相关分析法可能会造成一定的误差冗余，因此一般与其他方法结合使用；灰色关联度分析法能够非常客观地分析出影响因素间的主次关系，但是过于依赖数学定量分析，忽视了指标的实际影响。

4.5 耕地利用变化模拟研究方法分析

耕地利用变化是土地利用变化的核心类型（朱会义等，2001），对耕地利用变化的研究方法进行分析，可以合理预测各类用地的规模，为土地利用规划提供依据（邹艺和张文秀，2014），因此研究耕地利用变化模拟可以更好地预测未来耕地利用变化的趋势。以“耕地利用变化模拟/预测”为主题词进行筛选，得到的文献（表 4-3）主要以国家（曹银贵等，2008）、省（熊华等，2009；邹艺和张文秀，2014；蒋群鸥等，2015）、城市群（曹银贵等，2006）、地级市（张圆刚等，2005；宋鄂平等，2006；曹银贵等，2006）、县（丁武泉，2007；宋蕾等，2018）、乡镇（叶长盛和董玉祥，2006）为区域进行研究。

经过统计发现，BP 神经网络模型主要适用于省级以上尺度地区的耕地利用变化模拟研究，该方法预测能力非常强但是精度一般；灰色动态模型 GM(1,1)、Markov 模型以及这两种模型结合形成的新模型所需数据量小，在中小尺度上的预测效果更加精确，在选用 Markov 模型时要根据要求确定选择中阶或高阶的模型；土地利用变化动态模型比较完美地对连续性因素进行了模拟，但是对非连续性因素的突然导入还不能进行有效地模拟；系统动力学模型可以解决非线性的复杂系统的问题，但是预测得出的只是一种可能性；CLUE-S 模型已经比较成熟，更加适合中小尺度上耕地利用变化模拟；与 CLUE-S 模型相比，CLUE 模型更加侧重于城市土地利用变化预测，CLUE 模型集成了“自上而下”和“自下而上”的土地系统模拟方法，此外还增加了土地利用连续变化的动态过程模拟机制（陈平等，2015）。

表 4-3 耕地利用变化模拟文献与方法分析

研究方法	研究区域	研究尺度	适用范围	方法优势	方法不足
基于支持向量机	湖北省(熊华等,2009)	省级尺度	土地利用变化模拟	支持向量机(SVM)是借助最优化方法解决机器学习问题的新工具,可以用于分类问题和回归问题的求解(熊华等,2009)	核函数以相应参数选择比较困难
土地利用变化动态模型	东北地区(蒋群鸥等,2015)	省级尺度	模拟未来耕地利用格局	DLS模型充分考虑与自然、生态、社会经济等相关应用模型的链接,通过设计区域用地结构变化的不同情景,提炼服务于土地利用规划、环境保护、自然资源管理的决策参考信息。用户可以在DLS模型中输入非线性的需求变化、不同的转换规则和不同用地结构演替模式下的驱动因子,模拟分析区域土地利用系统的未来可能情景。为了准确模拟土地利用的未来可能情景,DLS模型还考虑了地形地貌、环境、贸易、制度安排与土地管理政策等宏观制度的影响(蒋群鸥等,2015)	对土地利用变化中的非连续性因素如土地利用类型的突然导入,还不能进行有效的模拟,无法对其相互间地作用过程与机制进行分析(郭程轩和甄坚伟,2003)
BP神经网络模型	中国(曹银贵等,2008)	国家尺度	模拟预测未来的耕地面积	BP神经网络在模拟的拟合优度、对初始数据的仿真与模拟能力和对新数据的预测能力方面有较明显的优势(曹银贵等,2008)	收敛性、预测精度一般,并且容易陷入局部最优解(玄扬和王汝凉,2018)
	三峡库区(曹银贵等,2006)	城市群尺度			

续表 4-3

研究方法	研究区域	研究尺度	适用范围	方法优势	方法不足
多元线性回归模型	湖北省武汉市（宋鄂平等，2006）	地级市尺度	耕地利用变化预测	方法简便、模型简洁、易于开发且预测费用相对较低	模型模拟值的绝对误差波动较大
系统动力学模型	重庆市长寿区（郭延凤等，2012）	县级尺度	耕地利用变化模拟	对耕地利用的动态模拟是一个系统的、综合性的问题，耕地面积增减和很多因素相关，并且绝大多数因素之间呈现的是非线性关系，单一线性回归分析不能准确对实际驱动因素进行分析，而系统动力学模型可以解决处理非线性、多重反馈的复杂系统问题（郭延凤等，2012）	耕地利用系统中有些变量并不能完全用定量关系进行描述，因此用此模型进行模拟时，预测值仅是耕地系统变化的一种可能性，并不与实际变化过程完全一致。系统动力学对一些相对静止的参数考虑较少（郭延凤等，2012）
灰色动态模型 GM(1,1)	四川省井研县（丁武泉，2007）	县级尺度	未来耕地数量预测分析	预测分析应该选择适合的模型，使预测值更接近实际发展情况。土地利用系统本质上是一个灰色系统，既包含确定因素，又包含不确定因素，是一个内部机制复杂，不明确的系统，因此，采用灰色系统理论为基础的灰色预测模型来预测土地利用系统。灰色预测 GM(1,1)模型是利用过去的土地利用/覆被变化规律来预测未来的土地利用/覆被变化（汪朝辉等，2003）	在实际预测中，受到随机因素的影响，数值序列经过累加后并不是严格按照指数规律变化。GM(1,1)模型时间响应式始终为单一指数函数形式，特别是对于围绕预测曲线跳跃变化较大的数据来说，预测精度并不十分理想
	安徽省芜湖市（张圆刚等，2005）	地级市尺度			

续表 4-3

研究方法	研究区域	研究尺度	适用范围	方法优势	方法不足
灰色动态模型 GM(1,1)+Markov 模型	重庆市(邹艺和张文秀,2014)	省级尺度	耕地利用变化趋势预测	既发挥了灰色系统对时间序列模型所需数据量较少、预测结果精度较高的优势,又利用了 Markov 模型对波动性较大的数据预测精确的特点(邹艺和张文秀,2014)	低阶的 Markov 模型预测准确率不高;高阶的 Markov 模型会导致计算复杂,影响准确率(周宇和龙华,2013)
Markov 模型	广东省佛山市南海区盐步镇(叶长盛和董玉祥,2006)	乡镇尺度	耕地动态变化趋势预测	Markov 模型对波动性较大的数据预测精确(叶长盛和董玉祥,2006)	低阶的 Markov 模型预测准确率不高;高阶的 Markov 模型会导致计算复杂影响准确率(周宇和龙华,2013)
CLUE-S 模型	江苏省南京市(盛晟等,2018)	地级市尺度	土地利用变化模拟预测	可以全面考虑自然和人文因子,通过迭代方法综合空间分析和非空间分析,较好地模拟小尺度范围内土地利用变化情景,具有综合性、开放性、空间性、竞争效率性等特点,方法比较成熟(吴建生等,2012)	CLUE-S 模型的应用有一个基本的假设条件,即土地利用变化受到土地供给和土地需求两方面的制约,最终使两方面达到平衡,但由于土地利用变化和社会经济发展不能够同步,因此这种"均衡"状态是否存在还有待研究(吴健生等,2012)
	河北省廊坊市北三县(刘欣等,2018),内蒙古自治区通辽市西南部(张永民和赵士洞,2013),大渡河上游金川、壤塘、马尔康三县(摆万奇等,2005)	县级尺度			
	江苏省常州市辛庄镇(周锐等,2012)	乡镇尺度			

续表 4-3

研究方法	研究区域	研究尺度	适用范围	方法优势	方法不足
CLUE 模型	江西省(郭延凤等,2012)	省级尺度	模拟土地利用变化空间分布	对小尺度的城市土地利用变化模拟效果好、精度高,模拟过程更加贴近实际	CLUE 模型主要应用于国家和大陆尺度的土地利用研究,在这一尺度下,土地利用数据获取相对困难。采用这种方法,可能会使土地利用类型的估计产生偏差
	四川省成都市锦江区(陈平等,2015)	县级尺度			
	云南省滇池流域(陆文涛等,2015)	地级市尺度			
MCR 和 CLUE-S 模型	甘肃省石羊河流域(魏伟和颉耀文,2018)	地级市尺度	对土地利用空间布局进行预测和模拟	将基于最小累积阻力模型的生态安全格局与土地利用优化配置相结合,提出了一种基于生态安全格局的土地利用优化配置方法。该方法能够将定性分析、定量计算、模型模拟和土地利用变化过程、生态过程与空间格局的关系等内容相结合,在此基础上综合判别对这些过程的变化与安全具有关键意义的景观元素、空间位置及空间联系(魏伟和颉耀文,2018)	MCR 模型无法从微观角度进行详细的空间优化配置分区,相应的指标体系的建立还不够全面(魏伟和颉耀文,2018)

续表 4-3

研究方法	研究区域	研究尺度	适用范围	方法优势	方法不足
CLUE-S和Markov复合模型	江苏省环太湖地区(陆汝城等,2009)	城市群尺度	对土地利用变化情景进行时空模拟	两个模型复合,能将土地利用系统作为一个整体,处理不同土地利用类型之间的竞争和转移关系,实现土地利用变化的时空模拟,只要处理好参数匹配问题,就可以充分利用两个模型的优势,既提高了土地利用类型转换的精度,又可以有效地模拟土地利用的空间变化(陆汝城等,2009)	该复合模型构建较为复杂,在运行中存在Markov模拟的转移矩阵和CLUE-S模型中Regression results模型的部分参数不匹配的局限
	江苏省常州市辛庄镇(周锐等,2011)	乡镇尺度			
	甘肃省敦煌市(马利邦等,2012)	地级市尺度			
ABM模型	重庆市(张星星等,2018)	省级尺度	微观预测未来土地利用发展趋势	该模型可以较好地模拟自然环境要素和复杂空间决策行为下的城市增长形态(张星星等,2018),而且模拟复杂互动现象非常有用(谢林展和聂鑫,2018)	ABM模型模拟研究区城市扩展过程,尽管多智能体层以"政府智能体"表现宏观政策的作用,但是国家宏观政策的地域性差异难以量化,导致模拟结果与实际存在较大误差(罗瑾和刘勇,2014)
	广西北族自治区隆安县(谢林展和聂鑫,2018)	县级尺度			

4.6 小结

本章在系统总结已有耕地利用变化特征、驱动与模拟研究方法的基础上，对各种方法在研究中存在的优势和不足以及其空间尺度适宜性进行了分析，明确了研究方法未来的发展方向与趋势。主要结论如下：

耕地利用变化特征、驱动与模拟的研究方法众多，但使用时相对单一且方法适用尺度的局限性较大。耕地利用变化特征研究中学者们倾向于固定区划内的定量方法的使用，数理统计法和耕地利用动态度法基本适用于所有尺度，但容易忽略耕地利用变化因空间区位的不同所产生的双向转变过程，未来与动态区划法相融合的考虑耕地利用双向转变过程的研究方法将成为耕地利用变化特征研究方法的发展方向。耕地利用变化驱动研究中学者们更倾向于使用定性与定量相结合的研究方法，主成分分析法及与该方法相结合的研究方法使用频率最高，基本适用于所有尺度，但依然存在伪回归现象，未来耕地利用变化驱动的研究方法将逐渐朝着全定量的方向发展。耕地利用变化模拟研究中学者们更倾向于单一模型的使用，CLUE-S 模型或灰色动态模型 GM(1,1)与 Markov 模型的复合模型在中微观尺度上已经比较成熟，但宏观尺度上的模拟研究方法还需要进一步探索。未来综合模型跨尺度融合将成为耕地利用变化模拟研究方法的发展方向。总体来看，未来耕地利用变化驱动与模拟研究方法将朝着双向、动态的复合型研究方法方向发展。

本章重点在于从不同空间尺度上综述耕地利用变化特征、驱动与模拟研究方法的适宜性以及方法本身的优劣势，故并未基于时间尺度对相关研究方法进行分析，对耕地利用变化特征、驱动与模拟研究方法在时间轨迹上的变化未做深入分析。后续研究将考虑基于时间尺度对耕地利用变化特征、驱动与模拟研究方法进行纵向比较，探索研究方法在不同时间尺度上的适宜性。

5 中国耕地利用变化特征、驱动与模拟研究

5.1 耕地利用变化特征分析

5.1.1 耕地利用变化数量特征

1996年,中国完成了新中国成立以来第一次全国范围内的土地利用详查,也第一次获得了有关全国土地利用较为科学、准确的数据(赵翠薇和濮励杰,2005)。在1996—2005年内,耕地面积在持续减少,1996年底中国耕地面积为13 003.92万 hm^2,截至2005年年底耕地面积减少至12 208.26万 hm^2,耕地的净减少量为795.66万 hm^2,其年减少量为79.56万 hm^2,耕地利用变化的动态度达到了0.61%。1996—2005年期间,耕地减少量最多的是2003年,净减少面积为253.74万 hm^2,其年减少率达到2.01%,远高于其年均减少率0.70%。而在研究期内,新疆维吾尔自治区耕地的面积却增加了7.80万 hm^2。

直接导致耕地减少的因素为建设占用、农业结构调整、生态退耕和灾毁耕地(杨桂山,2001)。从1997年以后,生态退耕逐步成为耕地减少的主导,1997—2005年间,生态退耕减少的耕地面积达到686.16万 hm^2。2003年,生态退耕面积占到了耕地减少量的78.55%。由于退耕还林还草有利于农业资源的可持续利用,不能算作耕地资源的永久流失,因此,在耕地损失及其驱动力的讨论和分析中并未将其作为重点因素考虑(严岩等,2005)。农业结构调整减少耕地面积的比例比较稳定,除了1996年、2000年和2005年。在1996年农业结构调整减少的耕地最多,其减少比例达到了55.85%;2000年农业结构调整减少的比例为36.92%;2005年农业结构调整减少的比例仅为2.02%。由此可见,随着中国市场经济逐步完善,农业结构调整逐渐趋于平稳。从建设占用与生态退耕的结构比来看,建设占用要小于生态退耕的量,而目前建设占用耕地成为关注的焦点,主要是因为建设占用的耕地基本上都是东部经济发达,建设用地需求大,占用的是肥沃、生产力高的优质耕地,而新增的耕地主要在西部和北部,耕地质量差(刘纪远等,2001;田光进等,

2005)。1996—2005 年期间，建设占用耕地的比例呈现出“U”形曲线的趋势，1997—2003 年期间，建设占用耕地的比例在逐渐减少，在 2003 年，建设占用耕地的比例只有 8.04%，2003 年后，建设占用耕地的比例又在增加，2005 年达到了 23.36%。灾毁耕地比例最大的是 1998 年，减少面积为 15.96 万 hm^2，达到了 27.98%，这主要是与 1998 年特大洪水有关。1998 年以后，国家加强了生态退耕及坡地环境治理，使得灾毁耕地面积的比例持续下降，一直到 2003 年 1.77%，之后灾毁耕地比例又有所增加，2005 年灾毁面积为 5.40 万 hm^2，达到了耕地减少面积的 9.08%。

从历年耕地转出情况来看(表 5-1)，耕地转换为林地的面积最多，这也能与生态退耕导致耕地减少比例最大产生关联，从耕地转换的角度更能体现出生态退耕的方向。1997 年后，耕地转换为居民点及工矿用地的面积在逐年增加，其年增加量为 1.91 万 hm^2。耕地转换为草地的数量在 2000—2002 年较多，2002 年以后在逐步减少。

表 5-1　耕地净减少量与转出量　　万 hm^2

年份	耕地转向园地	耕地转向林地	耕地转向草地	耕地转向居民点及工矿用地	耕地转向交通用地	耕地转向水面	耕地转向未利用地
1997 年	15.36	14.61	8.61	17.01	5.93	14.50	9.06
1998 年	5.75	7.30	8.53	10.32	4.88	13.76	6.50
1999 年	7.20	18.14	10.62	11.68	6.46	16.07	14.00
2000 年	19.85	47.76	28.36	11.51	3.84	4.59	4.75
2001 年	8.34	30.80	28.12	12.04	3.50	4.26	2.27
2002 年	21.26	123.49	19.02	15.64	4.15	12.98	4.69
2003 年	30.43	211.72	11.94	18.41	4.42	7.03	3.30
2004 年	26.61	69.54	3.72	23.68	6.00	13.09	3.96

5.1.2　耕地利用变化省域差异

中国地域广阔，由于自然条件和社会经济发展在区域上存在很大的差异，因此在耕地面积变化上也产生了差异。在耕地面积变化的空间差异研究中，以省(市、自治区)为单元，引入了土地利用动态度和土地利用相对变化率来分析其空间差异。

采用动态度公式和相对变化率公式分别计算各省(市、自治区)1996—2005 年期间的耕地动态度和耕地相对变化率，然后利用 ARCGIS 软件将其值空间化，显示其空间差异。在研究的过程中将耕地动态度分为5个层次，−4%～−2%为剧烈减少；−2%～−1%为快速减少；−1%～−0.5%为较快减少；−0.5%～0为缓慢减少；0～0.5%为缓慢增加。同时将相对变化率也分为5个层次，0～0.5为差异微小区；0.5～1为差异较小区；1～3为差异大区；3～5为差异较大区；5～7为差异巨大区。

耕地剧烈减少的地区分布在北京市、陕西省和青海省，这3个地区分别属经济发达地区和生态脆弱地区，耕地的减少主要体现在建设占用和生态退耕上；快速减少的地区分布在内蒙古自治区、宁夏回族自治区、山西省、上海市、重庆市；较快减少的地区分布在河北省、天津市、江苏省、甘肃省、四川省、湖北省、贵州省、云南省、浙江省、福建省、广东省，这些地区主要分布在黄河以南地区和东部沿海地区；缓慢减少的地区主要分布在东北—西南沿线上，包括黑龙江省、吉林省、辽宁省、山东省、河南省、安徽省、江西省、湖南省、云南省、海南省和西藏自治区。耕地在缓慢增加的是新疆维吾尔自治区。

耕地利用变化程度差异微小区分布在新疆维吾尔自治区、西藏自治区、黑龙江省、吉林省、辽宁省、山东省、河南省；差异较小区主要分布在长江沿线的云南省、湖南省、湖北省、江西省、安徽省、江苏省和广西省、福建省、海南省；差异大区分布在内蒙古自治区、河北省、宁夏回族自治区、山西省、四川省、重庆市、贵州省、上海市、浙江省和广东省；差异较大区分布在青海省和甘肃省；差异巨大区是北京市。

从区片一致性来看，耕地相对变化率的要优于耕地动态度的；从各区间所含区域的个数来看，处在中等层次的区域居多，可见耕地的变化趋向理性化与稳定化；从耕地动态度和耕地相对变化率的相关性来看，其相关性系数为−0.995，呈高度负相关。可见在研究期内，耕地动态度较大的区域基本上都是耕地相对变化率较小的地区，进一步表明耕地减少较快的地区基本上是地区耕地减少数量相对全国耕地减少数量较小的地区。

5.2 耕地利用变化驱动因子分析

5.2.1 驱动因子选取

耕地的经济属性极强，因此在影响因子选择时重点考虑社会经济因子，同时在因子选择时要尽量考虑全面。根据已有研究结果，挑选出了29个因子，这些影响因子主要包括如下方面：人口（年末总人口、农业人口、非农人口、农村劳动力）；农业生产值（农林牧渔总值、农业生产总值、林业生产总值、牧业生产总值、渔业生产总值）；农业生产条件（有效灌溉面积、化肥折纯用量、农业机械总动力、农作物播种面积、粮食作物播种面积)；副产品产量(肉类产量、水产品产量)；交通条件(公路通车里程)；国民经济(国民生产总值、第一产值、第二产值、第三产值、工业总产值、人均 GDP、固定资产投资、地方财政收入)；农民生活(农民人均纯收入)。

5.2.2 驱动因子频次统计

在 SPSS11.5 环境下，主要采用二元定距变量相关性分析(余建英和何旭宏，2003)。二元定距变量的相关分析是指通过计算定距变量间两两相关的相关系数，对两个或两个以上定距变量之间两两相关的程度进行分析。在二元定距变量的相关分析过程中常用的几个相关系数是 Person 简单相关系数、Spearman 和 Kendall'stua-b 等级相关系数。

将各省(市、自治区)1996—2005 年历年的耕地面积与上述 29 个社会经济因子做 Person 简单相关性分析，分别在置信区间 0.01 和 0.05 的情况下进行检验，通过置信区间 0.01 检验的为相关性高度显著，通过置信区间 0.05 检验的为相关性显著，其他为不显著。表 5-2 中显示了全国 31 个省(市、自治区)1996—2005 年期间各个指标与耕地之间相关性高度显著、显著和不显著的频次。从全国的角度来看，某个指标在高度显著与显著中出现的频次较高时，这个指标与耕地数量之间

表 5-2 各驱动因子相关性分析结果频次统计　　个

驱动因子	高度显著	显著	不显著	驱动因子	高度显著	显著	不显著
国民生产总值	29	0	2	林业产值	22	3	6
第三产值	29	0	2	水果产量	21	3	7
人均 GDP	29	0	2	水产品产量	21	6	4
第二产值	28	1	2	渔业产值	20	4	7
年末总人口	27	2	2	化肥折纯用量	20	1	7
农业机械总动力	27	0	4	肉类产量	20	5	6
第一产值	27	1	3	乡村劳动力	19	4	8
固定资产投资	27	2	2	农作物播种面积	17	4	10
非农业人口	26	0	5	粮食作物播种面积	17	5	9
公路通车里程	26	2	3	农业人口	16	4	11
地方财政	26	1	4	农业产值	16	5	10
农林牧渔总产值	25	3	3	油料产量	12	8	11
工业总产值	25	1	5	有效灌溉面积	11	4	16
农民人均纯收入	25	2	4	粮食产量	9	1	21
牧业产值	23	2	6				

普遍关联度就比较大，即对耕地的变化产生很大的影响；若在高度显著中出现的频次较少，或者在不显著中出现频次较多时，这个指标与耕地数量之间普遍关联度就差，即对耕地利用变化的影响不大。高度显著中出现频次较高的有国民生产总值、第三产值、人均 GDP、第二产值、年末总人口、农业机械总动力、第一产值、固定资产投资、非农业人口、公路通车里程、地方财政、农林牧渔总产值、工业总产值、农民人均纯收入，这些指标对耕地的影响就会非常大。而乡村劳动力、农作物播种面积、粮食作物播种面积、农业人口、农业产值、油料产量、有效灌溉面积、粮食产量在高度显著中出现的频次低，或者在不显著中出现的频次高，因此这些指标对耕地利用变化的影响不大。

5.2.3 驱动因子差异分析

统计分析各个指标在高度显著、显著、不显著中出现的频次只能反映相关指标对耕地利用变化是否有影响。就各个指标在高度显著或者显著中的正负相关性有待于进一步研究，这样就能体现出相关指标在影响耕地利用变化上是否存在差异性。同时也要分析不显著频次高的那些指标空间分异特征。

(1)主要驱动因子的正负相关性统计　本次研究涉及 31 个省(市、自治区)，地域范围比较广，影响因子差异比较大。从主要影响因子与耕地之间的正负相关性来看，却表现出了很强的一致性，基本上都是呈现出负相关(包含高度负相关与负相关)，如表 5-3 所示。国民生产总值、人均 GDP、第二产值、第三产值、工业总产值、固定资产投资与耕地呈现出负相关，这就表明 1996—2005 年期间，国家加强了投资的力度，使得第二产业与第三产业飞速发展，从而带动了国民生产总值与人均 GDP 的增加，而在这个过程中，大量的耕地被经济建设所占用；第一产值、农林牧渔总产值与耕地呈现出负相关表明在研究期间加大了第一产业内部的结构调整，使得农产品附加值的增加并没有受到耕地减少的影响，可见加强农业结构调整，大力发展优势农业以及林业、牧业、渔业，一定程度上可以增加第一产值与农林牧渔总产值；年末总人口及非农业人口与耕地呈现出负相关表明，总人口增加，生活用地在增加，使得大量的耕地被占用。同时大量的人口非农化，使得城市性生产用地与生活用地都在增加，这样城市扩展，新增建设用地迅速增加，新增建设用地的主要来源还是临近城市的耕地；地方财政、农民人均纯收入与耕地呈现负相关，表明传统的农耕生产不利于增加地方财政与农民人均纯收入，这样在增加地方财政与增加农民人均纯收入的利益驱动下，就会改变传统的农耕生产，调整农业生产结构，大力发展农业生产力，改变耕地的用途；农业机械总动力与耕地呈现出负相关，表明单位耕地的生产力投入在增加，进一步表明虽然耕地面积在减少，但是机械动力的消耗在增加。只有上海市和北京市在此方面表现出了正相关，这表明这两个地区农业生产的投入力度不如其他省（市、自治区）。

表 5-3　主要驱动因子的正负相关性统计

驱动因子	正相关	负相关	驱动因子	正相关	负相关
国民生产总值	0	29	固定资产投资	0	27
第三产值	0	29	非农业人口	0	26
人均 GDP	0	29	公路通车里程	0	26
第二产值	0	29	地方财政	0	26
年末总人口	0	29	农林牧渔总产值	1	25
农业机械总动力	2	25	工业总产值	0	26
第一产值	0	27	农民人均纯收入	0	27

（2）*主要驱动因子不显著的省份分异*　主要驱动因子虽然在全国范围内出现的频次比较高，但在有些省（市、自治区）这些因子与耕地利用变化之间的关系不显著，在一定程度上出现了省份差异，如表 5-4 所示。

表 5-4　主要驱动因子不显著省份差异

驱动因子	不显著省（市、自治区）
国民生产总值	青海、宁夏
第三产值	新疆、西藏
人均 GDP	内蒙古、甘肃
第二产值	宁夏、陕西
年末总人口	新疆、西藏
农业机械总动力	新疆、西藏、天津、宁夏
第一产值	新疆、西藏、北京
固定资产投资	新疆、西藏
非农业人口	黑龙江、河北、安徽、新疆、西藏
公路通车里程	甘肃、西藏、天津
地方财政	辽宁、重庆、新疆、西藏
农林牧渔总产值	河南、贵州、宁夏
工业总产值	四川、黑龙江、河南、宁夏、西藏
农民人均纯收入	新疆、湖北、河南、海南

从表 5-4 可以看出，空间差异大的省份大多出现在西北地区的新疆、西藏、青海、甘肃、陕西、宁夏、内蒙古等省（市、自治区）。相对来说，这些省份经济发展对耕地的影响不大，尤其是新疆、西藏、甘肃、宁夏 4 省（自治区）。对于其他省（市、自治区）来说，对耕地影响最突出的就是人口、经济投入、农业生产条件方面的影响因子。

5.3 耕地利用变化模拟分析

根据上述的驱动因子，挑选出了 29 个因子，这些驱动主要包括如下方面：人口（年末总人口、农业人口、非农人口、农村劳动力）；农业生产值（农林牧渔总值、农业生产总值、林业生产总值、牧业生产总值、渔业生产总值）；农业生产条件（有效灌溉面积、化肥折纯用量、农业机械总动力、农作物播种面积、粮食作物播种面积）；副产品产量（肉类产量、水产品产量）；交通条件（公路通车里程）；国民经济（国民生产总值、第一产值、第二产值、第三产值、工业总产值、人均 GDP、固定资产投资、地方财政收入）；农民生活（农民人均纯收入）。以每个省（市、自治区）的这些因子值与耕地数量做相关性分析，得出高度显著与显著的因子进行耕地数量模拟预测。主要采用 BP 神经网络来进行每个省（市、自治区）耕地数量的模拟预测。

将各个省（市、自治区）1996—2005 年的主要社会经济指标（相关性分析高度显著与显著的指标）作为 BP 神经网络的输入层，每个社会经济指标即为输入层的神经元。由于每个省的社会经济指标不一样，则每个省的输入层的神经元个数就不一样。输出层只有一个神经元，那就是 1996—2005 年间耕地的数量。在 MATLAB 环境下编程进行模拟，采用统一的模拟精度控制。在模拟结果有效的情况下进行预测，其模拟精度平均误差与 2010 年和 2015 年各省（市、自治区）耕地面积的预测值如表 5-5 所示。

从表 5-5 可以看出，BP 神经网络的模拟精度还是很高的。通过模型进行预测看出，各个省（市、自治区）的耕地面积基本上都在减少，到 2010 年全国耕地面积为 11 195.82 万 hm^2，相比 2005 年减少了 1 012.25 万 hm^2。2015 年耕地面积为 9 889.30 万 hm^2，相比 2010 年减少了 1 306.52 万 hm^2。耕地面积的减少量是比较大的。尤其是发达地区与特大城市。由于预测是基于 1996—2005 年期间社会经济发展的规律进行，在此期间，耕地面积一直在减少，所以表明按照 1996—2005 年期间的经济发展模式来看，坚守耕地红线是不可能的，因此有必要继续加强土地宏观调控，努力实现土地的节约集约利用，尤其是要加强对耕地的保护。

表 5-5 BP 神经网络模拟精度与预测值

省(市、自治区)	模拟精度平均误差/%	2010 年耕地面积/万 hm²	2015 年耕地面积/万 hm²
北京	2.96	16.21	9.00
河北	−3.56	548.41	419.16
安徽	1.25	517.92	439.59
吉林	4.23	544.04	530.74
辽宁	−2.98	393.48	372.86
内蒙古	−4.58	666.85	672.43
山西	3.87	337.74	244.42
天津	1.25	35.38	21.44
新疆	−1.28	354.01	273.36
宁夏	−0.78	103.27	92.40
青海	1.69	44.44	34.59
甘肃	3.28	390.87	284.80
陕西	4.23	340.47	272.87
西藏	−1.24	33.57	29.66
云南	−0.65	556.61	483.46
贵州	−0.41	402.33	342.70
四川	2.91	515.80	409.72
重庆	3.69	202.57	161.36
海南	1.77	64.28	51.62
广西	−1.66	399.10	357.13
广东	−4.88	285.55	271.69
湖南	3.88	360.72	333.46
湖北	4.65	414.65	342.65
河南	−3.39	759.79	716.47
山东	1.36	717.94	667.35
江西	3.99	265.87	239.53
福建	5.84	137.46	142.83
浙江	−4.21	170.51	134.02
江苏	1.97	436.70	375.94
上海	2.58	26.18	25.62
黑龙江	−4.31	1 153.07	1 136.41
面积总计	—	11 195.82	9 889.30

5.4 小结

耕地不仅是一种生产性资源，更是一种保障性资产。1996—2005 年期间，全国耕地面积在持续减少，耕地的净减少量为 795.66 万 hm^2，其年减少量为 79.56 万 hm^2，耕地利用变化的动态度达到了 0.61%。在此期间，耕地减少最多的年份是 2003 年。耕地减少的直接原因有建设占用、农业结构调整、生态退耕和灾毁，在研究期间内，生态退耕减少耕地的面积最多，达到 686.16 万 hm^2，从土地利用类型转换的角度来看也证实了生态退耕的情况。这是与国家退耕还林还草政策是息息相关的，生态退耕较多的地区还是集中在西北干旱地区及长江中上游段的坡耕地的退耕。建设占用耕地的面积相对较小，但是建设占用的耕地基本上都是优质耕地，并且“占一补一”难以实现优质耕地的补充，因此建设占用耕地成为普遍关注的焦点。

从统计学的角度出发来进一步发掘 1996—2005 年期间影响耕地利用变化的主要因子，分别是国民生产总值、人均 GDP、固定资产投资、工业总产值、第一产值、第二产值、第三产值、农林牧渔总产值、地方财政收入、农民人均纯收入、年末总人口、非农业人口、公路通车里程。这些因子在与耕地的相关性分析中，高度显著出现频次很高，基本上大于 25 次。并且这些指标基本上与耕地都呈负相关。这些主要影响因子也存在一些地域差异，相关省份受其中因子的影响较小。从经济发展的角度来看，西北地区经济的发展对耕地的影响不是很大。因此，在以后的耕地利用和管理过程中，要确保经济发展的热度与速度，从主要影响因子的控制与管理着手，从而减小耕地减少的速度；另外对于以后的耕地影响因子研究，可以直接考虑上述的主要影响因子。

在耕地面积与社会经济因子值相关性分析的基础上，挑选主导因子，采用 3 层 BP 神经网络来模拟耕地数量变化，各个省的模拟平均误差在(−6.00%～−5.00%)之间，这样耕地利用变化与社会经济因子值的变化得到了量化。采用已有模型对 2010 年与 2015 年耕地面积进行了预测，预测结果 2010 年耕地面积为 11 195.82 万 hm^2，2015 年耕地面积为 9 889.30 万 hm^2。由于模拟是基于 1996—2005 年的经济发展情况进行的，如果按照这种发展模式就很难实现“坚守”耕地红线。因此，有必要进一步加大耕地保护的力度，坚持节约集约用地，提高耕地的利用效率，优化产业结构。

6 青海省耕地利用变化与管理对策研究

6.1 青海省概况

青海省地处青藏高原东北部，下辖1市，1行署，6个藏族自治州的51个县(市、区、行委)。全省总土地面积69.96万km^2，占全国总土地面积的7.52%，地域十分辽阔。耕地主要分布在日月山以东较温暖的河湟谷地和西部海拔较低的盆地或滩地上，青南高原河谷地区有零星分布。地貌基本格局以祁连山(和阿尔金山)、昆仑山脉和唐古拉山脉为骨架，按地质构造和海拔高度划分成祁连山地、柴达木盆地和青南高原三个自然区域。属于高原大陆性气候，具有气温低、昼夜温差大、降雨少而集中、日照长、太阳辐射强等特点。但各地气候又有明显差异，其中东部湟水谷地，年平均气温在2～9℃，无霜期为100～200 d，年降水量为250～550 mm。

6.2 耕地利用变化数量特征分析

6.2.1 耕地总量及人均耕地利用变化分析

2000—2003年内，青海省耕地面积急剧减少，2004—2006年内，呈现先增加后减少的趋势，2007年以后，耕地面积有所缓慢增加。在研究期内，青海省人均耕地面积也在逐年减少，2000年，人均耕地面积为0.129 6 hm^2，2008年，人均耕地面积0.097 9 hm^2，相比人均耕地面积减少了0.031 7 hm^2。青海省耕地面积和人均耕地面积减少最多的阶段是2000—2003年，2003年以后，其变化相对平稳。从青海省耕地总量的年变化率来看，2002—2003年间，耕地减少的速度最快，其年变化率为-8.18%，2004—2005年期间，耕地的面积有所增加，其年变化率为0.04%，增长最快的是2007—2008年间，其增长率为0.10%。相比之下，人均耕地面积减少最快的也是2002—2003年间，其年变化率为-9.07%。2004年以前，耕地总量的年变化率和人均耕地年变化率的变化趋势基本一致，2004年以后，随着耕地总量的增加,人均耕地面积的年变化率依然为负值,可见人均耕地面积依然在减少,但是人均耕地面积减少的速度在逐渐降低,2004—2005 年期间,人均耕地年变化率为-0.81%,2007—2008 年,其值变为-0.39%。

6.2.2 耕地增减情况分析

从区域来看,西部地区新增耕地主要来自土地开发(史娟等,2008)。2000—2008 年期间,青海省共增加耕地 2.10%,年平均增加速率是 0.26%。青海省增加耕地较多的年份是 2005 年、2002 年和 2008 年,增加耕地面积分别是 7 979.89 hm^2、1 662.89 hm^2、1 278.45 hm^2。通过土地开发累计增加耕地 5 614.67 hm^2,农业结构调整累计增加耕地 5 048.18 hm^2,土地整理累计增加耕地 3 017.18 hm^2,土地复垦累计增加耕地 384.30 hm^2。2000—2008 年期间,青海省每年耕地增加来源的结构比例如表 6-1 所示。

表 6-1 2000—2008 年间耕地增加来源的结构比例 %

年份	开发	复垦	整理	农业结构调整
2000	38.99	0.00	1.12	59.89
2001	49.28	0.24	50.47	0.00
2002	49.03	14.46	36.51	0.00
2003	32.77	14.05	45.27	7.91
2004	36.78	0.26	62.95	0.00
2005	29.87	0.00	9.87	60.26
2006	40.39	1.57	58.04	0.00
2007	33.60	1.20	65.20	0.00
2008	91.08	0.53	8.15	0.24

2000—2008 年期间,青海省共有 24%的耕地流失,其流失的速率是平均每年 3%。耕地减少最大的年份是 2003 年,其减少面积为 50 305.78 hm^2,其次是 2002 年,其减少面积为 49 489.03 hm^2。青海省生态退耕占用耕地面积最多,达到 147 164.51 hm^2,尤其是在 2000—2004 年间,基本上是生态退耕占据了耕地减少的全部。大面积耕地转变为林地和牧草地,有利于保持水土,涵养水源;其次是建设占用耕地,达到 8 722.01 hm^2,2000—2004 年间,建设占用耕地比较少,2005 年以后,建设占用耕地逐渐增多,2007 年和 2008 年基本上占据了耕地减少的全部;再次是农业结构调整占用耕地和灾毁耕地,其面积分别是 921.49 hm^2、654.47 hm^2。2000—2008 年期间,每年耕地减少流向的结构比例如表 6-2 所示。经计算分析可知,2000—2008 年期间,青海省共有 26.10%的耕地发生

了变化，其年平均变化速率是3.26%。

表 6-2 2000—2008 年间耕地减少流向的结构比例 %

年份	建设占用	生态退耕	农业结构调整	灾毁
2000	2.33	97.41	0.27	0.00
2001	4.91	93.44	1.65	0.00
2002	2.88	96.68	0.44	0.00
2003	1.55	98.05	0.23	0.18
2004	2.35	97.53	0.12	0.00
2005	47.05	42.57	3.20	7.18
2006	84.63	0.00	0.96	14.41
2007	97.08	0.00	1.32	1.61
2008	97.80	0.00	2.20	0.00

6.2.3 建设用地占用耕地情况分析

在青海省，建设用地占用耕地主要体现在居民点及工矿用地占用耕地、交通运输用地占用耕地和水利设施用地占用耕地。在2000—2008年期间，居民点及工矿用地占用耕地占主导，在研究期内累计占用耕地面积4 464.22 hm^2，其中2005年占用耕地最多，达到982.72 hm^2，但从所占耕地占用的结构比例来看，本年所占的比例最少，为31.97%。2000年、2001年、2003年、2007年和2008年，居民点及工矿用地占用耕地的比例均超过60%；其次是交通运输用地，交通运输用地累计占用耕地达2 659.75 hm^2，其中2002年交通运输用地占用耕地最多，达到785.78 hm^2，占当年耕地被占用总量的55.14%；再次是水利设施用地，水利设施用地累计占用耕地达1 598.03 hm^2，尤其是2005年，占用耕地达1 364.03 hm^2，占当年耕地被占用总量的44.37%，同时占水利设施用地累计占用耕地总量的85.36%。

6.3 耕地利用变化区域差异分析

6.3.1 区位指数地域分布差异

青海省耕地资源的分布状况可以用耕地资源的区位指数来表示。耕地资源的区位指数指某一地区耕地资源相对于青海省耕地资源的聚集程度，其计算公式和内涵见参考文献（鞠正山，2003）。

通过计算分析，青海省耕地区域指数在地域分布上存在很大差异(表 6-3)，其耕地资源主要集中在西宁市、海东地区、海北州、黄南州和海南州，尤其是西宁市和海东地区，其主要位于东部土地利用区和环青海湖土地利用区。这些地区多分布在青海省东部地区的河、湟流域和共和盆地，是青海省热量条件好，积温多，无霜期长，地下水富集，地势相对平坦，土壤条件比较好的地区。2008 年，西宁市和海东地区耕地面积为 145 786.12 hm^2 和 201 316.49 hm^2，分别占青海省耕地总面积的 26.86%和 37.09%。耕地资源分布比较少的是果洛州、玉树州和海西州，位于柴达木土地利用区和青南土地利用区，柴达木土地利用区气候干旱，土壤耕作条件差；青南土地利用区位于三江源地区，积温比较低，生态环境脆弱。从历年耕地区位指数的变化来看，各地区耕地区位指数值都发生了微小的变化，从整体上来看，2000—2008 年期间，西宁市、海东地区、黄南州耕地的区位指数都有所增加，其他州则在减少。西宁市的耕地区位指数值在 2004 年以前一直在增加，2004 年以后在逐渐降低；海东地区的耕地区位指数在 2003 年以前一直在增加，2003 年以后在逐渐降低。

表 6-3 2000—2008 年耕地区位指数地域分布

年份	西宁市	海东地区	海北州	黄南州	海南州	果洛州	玉树州	海西州
2000	23.264 8	20.219 0	2.179 3	1.432 3	2.537 9	0.023 7	0.093 9	0.157 9
2001	23.203 0	20.361 6	2.214 1	1.469 1	2.555 1	0.024 3	0.094 8	0.158 8
2002	24.084 6	20.929 6	1.956 5	1.461 7	2.333 1	0.021 6	0.097 2	0.158 2
2003	25.789 2	20.984 6	1.873 4	1.428 1	2.186 9	0.023 7	0.097 3	0.146 5
2004	26.415 3	20.508 9	1.889 0	1.453 5	2.235 9	0.020 8	0.099 6	0.146 5
2005	26.103 4	20.436 9	1.892 4	1.443 6	2.359 5	0.017 2	0.090 9	0.141 0
2006	26.105 4	20.430 7	1.892 5	1.451 4	2.358 1	0.017 2	0.090 9	0.140 9
2007	26.058 0	20.419 1	1.907 6	1.450 6	2.359 1	0.017 2	0.090 7	0.140 9
2008	25.960 1	20.400 3	1.944 5	1.449 0	2.356 4	0.017 2	0.090 6	0.140 7

6.3.2 动态度区域差异

耕地数量变化的速率的区域差异可以用耕地动态度来表示，其计算公式和内涵见参考文献(王秀兰和包玉海，1999)。

利用动态度模型分析耕地的时空变化，可以真实反映区域耕地利用变化的剧烈程度(刘纪远和布和敖斯尔，2000；何国松和祝国瑞，2004)。青海省 2000—2008 年各个研究期耕地动态度如表 6-4 所示。在 2000—2005 年期间，也就是中国经济发展第十个五年计划阶段，耕地都呈现减少的趋势，并且减少最快的是果洛州，其次是海北州，西宁市的耕地减少相对比较缓慢。在2005—2008年期间，也就是中国经济发展第十一个五年计划的前半阶段，各个地区耕地的变化相对比较缓慢，海北州和黄南州耕地在缓慢增加，果洛州无耕地利用变化，西宁市、海东地区、海南州、玉树州、海西州的耕地都在缓慢减少，减少比较多的是西宁市。从整个研究期来看，耕地减少最快的是果洛州，其次是海西州和海北州，西宁市的耕地减少最慢。从土地利用分区的角度来看，青南土地利用区耕地减少的速度最快，其次是柴达木土地利用区和环青海湖土地利用区，减少速度相对较慢的是东部土地利用区。从经济发展的角度来看，经济欠发达地区耕地减少的速度要快于经济发达地区。从区域开发的角度来看，禁止开发区或限制开发区耕地减少的速度要快于鼓励开发区。从时间发展的角度来看，“十五”期间，各区耕地减少的速度要快于“十一五”期间耕地减少的速度。

表 6-4 不同研究期耕地动态度 %

研究期	西宁市	海东地区	海北州	黄南州	海南州	果洛州	玉树州	海西州
2000—2005年	−1.82	−3.62	−5.93	−3.67	−4.93	−8.25	−4.32	−5.53
2005—2008年	−0.15	−0.03	0.95	0.15	−0.02	0.00	−0.07	−0.04
2000—2008年	−1.19	−2.27	−3.45	−2.24	−3.09	−5.15	−2.72	−3.47

6.3.3 耕地增减情况结构差异

在2000—2008年内，各地区耕地的增减情况也存在一定的结构差异。在耕地增加方面，主要通过土地开发、土地复垦、土地整理、农业结构调整等来实现耕地的增加。通过对比发现，海东地区、海北州、黄南州及海西州的耕地增加基本上是通过土地的开发来实现，西宁市的耕地增加主要是通过土地整理增加，海南州、果洛州、玉树州的耕地增加主要是通过农业结构调整来实现，黄南州的耕地增加还有部分来源于土地复垦。在耕地减少方面，主要体现在建设占用、生态退耕、农业结构调整、灾毁等。通过对比发现，生态退耕是青海省各个地区耕地减少的主要方式，生态退耕使得耕地减少的比例基本上占据了各个地区耕地减少总量的85%以上，在西宁市、黄南州、海东地区耕地被建设占用也占据了一定的比例。研究期内各地区耕地增减结构比例如表6-5所示。

表 6-5 2000—2008 年各地区耕地增减结构比例 %

地区	耕地增加				耕地减少			
	开发	整理	复垦	农业结构调整	建设占用	生态退耕	农业结构调整	灾毁
西宁市	35.89	52.05	6.90	4.99	12.89	85.50	1.47	0.02
海东地区	71.40	27.41	0.54	0.52	3.57	95.08	0.23	1.07
海北州	79.60	20.40	0.00	0.00	0.85	99.15	0.00	0.00
黄南州	77.38	1.84	20.78	0.00	8.88	90.95	0.01	0.16
海南州	4.59	0.53	0.02	94.86	0.56	99.41	0.02	0.00
果洛州	26.20	0.00	0.00	73.80	0.41	99.59	0.00	0.00
玉树州	28.78	0.00	0.00	71.22	1.63	98.14	0.00	0.00
海西州	51.39	18.02	0.00	25.92	0.95	86.20	3.44	0.21

6.4 耕地利用变化驱动分析

6.4.1 耕地保护政策驱动

为了进一步落实“耕地总量动态平衡”，国务院相继出台《省级政府耕地保护责任目标考核办法》和《关于规范城镇建设用地增加和农村建设用地减少相挂钩试点工作的意见》。青海省在贯彻《省级政府耕地保护责任目标考核办法》的同时，2004—2005 年期间，青海省相继出台了《青海省人民政府办公厅关于切实保护基本农田的紧急通知》和《青海省人民政府关于贯彻国务院深化改革严格土地管理决定的实施意见》，进一步强调耕地保护的责任制，做到耕地占补动态平衡。

从 2005 年起，青海省就将耕地保护目标责任制的签订和考核工作纳入了全省目标管理考核体系，每年年初省政府与各地政府签订耕地保护目标责任书，建立耕地保护的长效机制，确保耕地总量 54.20 万 hm^2 的耕地红线。青海省层层落实耕地保护责任制，确定耕地占补平衡的任务，项目用地计划分别按项目进行了审核验收，使耕地占补平衡和用地计划指标落到实处；城市分批次建设项目审批严格按照耕地“先补后占”的规定，在本地区不能完成占补平衡任务的，足额缴纳耕地开垦费，由省国土资源厅选择与耕地占补平衡挂钩的土地开发整理项目统一实施，确保了全省耕地面积不减少，质量不降低。2008 年，青海省在耕地保护考核机制的推动下，推行地方政府耕地保有量、基本农田保护面积和保护率等约束性考核指标，各个地方政府不断创新耕地保护的思路与方法，为青海省耕地保有量和基本农田保有量奠定了坚实的基础。耕地保护工作成绩突出的是海南州、海北州、海西州和海东地区。

6.4.2 生态退耕工程驱动

青海省从1999年正式开始开展生态退耕工作，2000—2005年期间，青海省生态退耕面积14.72万hm^2，年均耕地面积2.45万hm^2，是青海省耕地减少的主要原因。在2000—2005年期间，青海省生态退耕最多的是海东地区，其退耕面积达到5.46万hm^2，其次是海南州和海北州，其退耕面积分别是3.10万hm^2和2.09万hm^2。从区域分布来看，主要集中在青海省的东部农业区。2005年以后，随着三江源自然保护区等一系列保护区的生态保护和建设总体规划的实施，生态退耕工程逐渐在减少。农户在生态退耕的过程中起到了非常重要的作用，对生态退耕工程的开展基本上支持，而且认为实施退耕还林工程后周边的生态环境有所改善(杨乔媚等，2009)。青海省海东地区在退耕还林的工作中，始终坚持科学规划，合理布局，坚持五个结合，即坚持退耕还林与天然林资源保护工程相结合，退耕还林与国家重点生态综合治理工程相结合，退耕还林与旅游开发相结合，退耕还林与农业产业结构调整相结合，退耕还林与扶贫攻坚相结合。自2000年实施生态退耕工程以来，海东地区的生态环境得到了改善，山变绿了，水土流失得到明显遏制，另外生态退耕的补助粮款还使10万多户贫困的退耕农民得到了实惠(吴江红，2008)。青海省生态退耕工程得以顺利开展，主要有以下原因：第一，党中央、国务院高度重视西部地区的生态退耕工作，这为生态环境的保护和建设营造了一个良好的发展氛围；第二，经济社会的快速发展和科学技术的进步，为生态退耕工程的实施奠定了坚实的基础；第三，多元化，多种经济成分共同建设，为生态退耕工程提供了良好的发展机遇。

6.4.3 土地开发整理工程驱动

青海省始终坚持十分珍惜和合理利用土地，切实保护耕地的基本国策，坚持管理与建设并举的方针，不断加大对土地开发整理资金和技术的投入，积极开展土地开发整理，推进了全省经济的发展。2000—2008年期间，青海省实施的国家和省级投资土地开发整理项目有38个，其中国家投资项目8个，批准预算共5 000万元，建设规模10万hm^2，新增耕地面积1.20万hm^2，新增耕地率20%。2000—2007年期间，青海省在黄河流域、湟水河和大通河两岸筛选申报了20个由国家投资的土地开发整理项目，其中有10个项目得到了国家批准，建设规模

4 595.20 hm^2，新增加耕地面积 1 084.35 hm^2，预算投资 1.38 亿元。其中，2002—2004 年批准建设重点项目 2 个，总建设规模 803.80 hm^2，新增耕地 436.02 hm^2，批准投资 2 657.20 万元；2005 年批准建设 8 个国家投资土地开发整理项目，建设总规模 3 791.40 hm^2，新增耕地 648.33 hm^2，下达投资 1.12 亿元(王莉，2007)。根据对已完工项目的效益分析，青海省实施土地开发整理后，耕地生产能力普遍提高了 10%～20%，惠及 40 多万农民，效果十分明显。2007 年，青海省申报实施的黄河谷地百万亩土地开发整理重大项目，项目土地总面积 7.62 万 hm^2，预计将新增耕地 1.35 万 hm^2，这将为青海省耕地总量保护和有效增加耕地面积产生深远的影响。2000—2006 年期间，青海省通过土地开发、整理、复垦增加耕地面积 6 984.65 hm^2。2006—2008 年期间，青海省通过土地开发、整理、复垦增加耕地面积 2 031.50 hm^2，并且新增耕地成为高产高效的粮油、蔬菜作物种植区，人均增收 682 元，通过土地开发整理修筑了防洪堤坝，避免了新的洪水冲刷，保护了耕地和林地，改善了生态环境。为了更好地开展土地开发整理工作，青海省在全省范围内开展土地开发整理项目质量检查评比活动，进一步提高工程质量，完善质量管理手段和质量控制标准(王莉，2007)。

6.4.4 重大建设工程驱动

随着西部大开发的进行，众多与青海省经济发展和国家战略发展密切相关的重大工程陆续实施，包括道路工程和四大支柱型工业工程(石油天然气工程、电力工程、有色金属工程、盐化工业工程)等。这些工程的实施，占用了大量的耕地，2000—2006 年期间，道路工程占用耕地 1 620.08 hm^2，水利水电工程占用耕地 1 161.88 hm^2，工业用地占用耕地 278.73 hm^2，可见，道路工程占用耕地的面积最多。2005—2008 年期间，从耕地占用审批的具体情况来看，水电电力工程审批耕地占用 138.53 hm^2，道路工程审批耕地占用 262.82 hm^2，支柱型工业工程审批耕地占用 114.44 hm^2，这为工程的顺利开展奠定了坚实的基础。

6.4.5 人口与民族因素驱动

人口作为社会活动的主体，对土地利用与土地覆盖变化的影响起着重要的作用。人口密度与土地利用变化速率成正相关关系，人口增长速度越快，土地利用变化也越快。由于人口数量大增，在生产条件没有大幅度提高的条件下，耕地被大量占用(蒋贵彦和刘峰贵，2007)。青海省在 2000—2008 年间，总人口增加了 37.80 万人，使得人均耕地面积从 2000 年的 0.129 6 hm^2 减少到 2008 年的 0.097 9 hm^2，相比人均耕地面积减少了 0.031 7 hm^2。经分析，青海省总人口从

516.50万人增加到538.60万人阶段，耕地面积的减少最剧烈，即2000—2004年期间。总人口从538.60万人增加到554.30万人阶段，耕地面积的变化相对平缓，即2004—2008年期间。另外青海省耕地面积与总人口的关系呈现抛物线状，并且其拟合系数为0.946 9，表明耕地面积与总人口的拟合程度非常高。

青海省少数民族呈现聚居与分散相结合的特点（汪春燕，2002）。在区域分布上，以藏族为主体的州有玉树州、海南州、黄南州、海北州、果洛州，海西州是以蒙古族和藏族为主体。回族主要集中在青海省的海东地区，同时这也是汉族集居的地方。对于以畜牧业为主的藏族和蒙古族而言，由于贫困落后，对先进的农业生产技术及农业技术骨干的培训存在一定的排斥（李加才旦和杨虎德，2006），因此对于藏族和蒙古族而言，尤其是藏族，发展畜牧业就是发展民族经济，有利于推动民族地区的经济增长，进一步促进民族关系的融洽和少数民族文化的发展，这样，一方面需要保护和改善脆弱的草地生态环境；另一方面则通过退耕还草，调整牧区农业生产的结构，增加草地的数量。在2000—2008年期间，在藏族集居的地区，积极开展生态退耕工程，在玉树州、海南州、黄南州、海北州、果洛州和海西州，通过生态退耕分别减少耕地3 092.15 hm^2、30 952.53 hm^2、4 873.73 hm^2、20 860.97 hm^2、703.79 hm^2、11 982.43 hm^2，其中退耕最多的是海南州。少数民族人口的增加，为了更好发展民族关系和牧区民族经济，加大了生态退耕的力度，也使得耕地面积有所减少，通过对耕地面积与少数民族人口拟合关系的分析，其拟合系数为0.964 5，进一步表明耕地面积与少数民族人口之间的关系拟合程度高。

6.4.6 城镇化进程驱动

在青海省，伴随着西部大开发政策的实施，国家和青海省也加大了经济建设的投入，青海省城市化的进程也进一步提速，在2000—2008年期间，青海省固定资产投资总额由154.83亿元增长到582.85亿元，国民生产总值由263.68亿元增长到1 018.62亿元，非农业人口由137.03万人增加到157.37万人。在这样的情况下，青海省城市化率由此从2000年的26.53%提高到2008年28.39%，而耕地面积由66.92万hm^2减少到54.27万hm^2，在这个减少的过程中，建设占用了8 722.01 hm^2，在2000—2006年期间，城镇建设占用耕地768.71 hm^2，开发区建设通过征用占用耕地288.01 hm^2，机场修建占用耕地0.33 hm^2，除此之外，还包括其他建设占用。通过对比，城镇建设占用的耕地最多。随着固定资产投资总额的增加，青海省耕地面积在逐渐减少，经研究，耕地面积与固定资产投资总额的拟合曲线呈现抛物线状，其拟合系数为0.927 5，呈现出高度拟合。从拟合关系可以反映出，在一定的经济发展阶段以前，随着投入的增加，耕地面积会有所减少，但是随着经济的发展，技术水平的提升，耕地面积会有所增加。此外，耕地面积与国民生产总值的关系的趋势呈现波浪状，并且拟合系数为0.959 1，拟合程度非常高，表明在一个阶段内，耕地面积随着国民生产总值的增加而减少，随后，其拟合曲线表现出随着国民生产总值的增加，耕地有缓慢增加的趋势，从这个变化趋势可以看出，青海省耕地面积与国民生产总值的关系符合库兹涅茨曲线（赵杰等，2004），即在一个阶段内，耕地面积会随着国民生产总值的增加而减少，随后，又会随着国民生产总值的增加而增加。

耕地利用变化受城镇化影响最大的地区是西宁市和海东地区，在青海省，西宁市和海东地区是经济发展的主要载体，是城镇化建设的中心。2000—2008年期间，西宁市和海东地区建设用地占用耕地分别是2 836.53 hm^2 和2 049.15 hm^2，分别占此期间耕地建设占用总量的48.07%和34.72%。

6.5 耕地利用管理对策

①继续推行严格的耕地保护制度。青海省在“耕地总量动态平衡”制度及《省级政府耕地保护责任目标考核办法》的指导下，以坚持耕地保有量54.20万 hm^2 的红线为中心，各地区耕地的保护率都达到了80%以上。为了进一步做好耕地的保护工作，在制度方面应该继续坚持“耕地总量动态平衡”，同时还需要进一步完善该项制度，使得青海省耕地在数量上不仅维持平衡，更关键的是要确保耕地补充的质量，不能因为耕地质量问题影响耕地的生产能力。在此项制度完善方面，要根据用地的情况确定占、补的顺序，是先占后补，还是先补后占，还得考虑占与补的比例。此外建设用地增减挂钩工作已经在青海省陆续开展起来，在耕地保护方面，这实质上是“耕地总量动态平衡”的另一个表述。

在耕地责任目标考核方面，不仅要实现上级政府对下级政府的考核，更关键的是农民对耕地责任目标的认可程度，是否真正实现了责任目标的要求，这样加强了对耕地责任考核的群众监督作用。

用途管制制度是中国土地管理制度的核心，在耕地保护方面，还得继续坚持用途管制，根据土地利用总体规划和年度农用地转用计划，严格控制耕地的转用。在基本农田保护方面，做好基本农田保护区的划定，让青海省基本农田的保护率达到85%以上，使之高于全国的平均水平。只有真正落实了用途管制制度，“耕地总量动态平衡”的压力就会减小。

②进一步加大土地整理的力度。在耕地增加方面，土地整理是一个很重要的来源，是实现占补平衡的唯一途径。在土地整理工作中，要坚持以国家对农村工作

的具体要求为指导，紧密联系农村的实际，以进一步夯实农业、农村发展的基础为目标。在开展土地整理工作时，要强化基础工作，把好立项入库关和工程建设标准关；严密组织，把好招标投标关；强化施工组织管理，把好工程质量关；完善资金拨付运转制度，把好资金管理关。另外要做好重大土地整理项目的实施工作，如青海省东部黄河谷地百万亩土地开发整理项目新增耕地面积 1.35 万 hm^2，在土地整理工作中要征得各级政府的重视和广大人民群众的支持，坚持领导协调机制，重视土地整理的宣传工作，同时严格监督与责任追求制度。

③坚持差异化的耕地利用协调政策。实施差异化的耕地利用协调政策，要充分考虑青海省区域功能定位、资源禀赋、未来人口分布和经济产业布局条件等因素，根据全省发展总体要求和布局，围绕优化国土开发格局，将全省东部地区、柴达木地区、环青海湖地区、三江源地区的土地利用进行区域化功能定位。对人口产业集聚区、能源和矿产资源开发区、各类生态功能区实行差异化的耕地利用政策。

东部地区城市化快速发展的地区，大量的耕地被建设用地占用。在东部地区，要坚持节约集约用地的原则，坚持需求引导与供给调节，根据经济发展的情况，调整地区投资，合理确定新增建设用地规模、结构和时序，严格划定城乡建设用地扩展边界，积极盘活存量建设用地。充分利用未利用地、工矿废弃地和城镇存量建设用地拓展建设用地空间。同时优化产业结构布局，提高建设用地单位面积的产值，实现建设用地的集约利用，很大程度上减少耕地占用，有利于耕地保护工作的开展。此外，东部地区是青海省粮食主产区，是保障青海省粮食安全的基地，因此，要严格限制耕地转为建设用地，尤其是加强河湟谷地地区的耕地保护。扩展耕地内涵，做好农业结构调整，将耕作层未被破坏的优质农用地纳入耕地后备资源范围内，实行耕地战略性储备，建立耕地保护的预警机制。加强中低产田的改造，包括水利改造、坡改梯河农业技术改造，改造工程完成后可年新增粮食约 200 t。

在柴达木地区，耕地利用应从保护和改善生态环境、保持水土平衡、防治土地沙化、荒漠化的角度出发，结合农田水利工程建设和水资源的综合开发利用，按照"以水定地"的原则，通过采取农田防护林网和配套设施建设，采取节水灌溉措施，对部分条件较好的撂荒地进行复垦，达到改善生态环境、增加有效耕地面积的目标。同时大力发展高原特色动植物优势产业，全力维护农牧民的利益，加强耕地特别是基本农田整治，建设高标准基本农田。另外，按照海西州土地利用总体规划的要求，优先保障柴达木循环经济产业园区建设用地，在支持盐湖工业、石油化工、煤化工和有色金属工业等循环经济产业建设的同时，落实土地整治的任务和项目，在保护生态环境的前提下，合理开发宜农土地后备资源，实现柴达木地区耕地的"占补平衡"。对于太阳能光伏、风能发电等新能源产业用地占用耕地，要严格按照国家和青海省有关规定，履行农用地征收转用审批程序。

在环青海湖地区和三江源地区，重在保护保护区域内自然生态系统及生物多样性，提升自然环境的支撑能力和生态系统的承受能力，重视和落实"生态建设用地"的"增扩"战略。严格实施三江源地区和环青海湖地区的水源涵养区、水土保持重点预防保护区的土地开发适宜性评价，优先保护基本农田和重要生态用地区；严格限制城乡建设与产业发展挤占生态用地。另外要加强生态保护地区的退耕还林还草工作，进一步防止水土流失，避免土地荒漠化和退化、沙化、盐碱化，同时加强耕地污染的防治工作。

④合理协调重点建设项目占用。根据青海省国民经济和社会发展计划，青海省今后10年内要保证一批国家和省级建设项目的用地。在项目建设过程中，对建设用地占用耕地要合理协调，一方面尽量少占或不占耕地，另一方面也得保障建设用地供应以促进青海经济发展。除黄河上游水电工程、引大济湟工程，其他大的项目布局多在海西柴达木地区，涉及交通用地的建设项目有青藏铁路扩建改造、西宁站扩建、兰青线大修、公路国道改造、西宁机场扩建等，应避免对耕地的大量占用。为保护耕地，要进一步搞好基本农田保护区的划定建设，以高产优质农田、名特优产品基地、现有和新建的粮油生产基地、城镇附近长期保留的菜地、现有和新修的水浇地和梯田以及土地利用总体规划确定的城镇建设用地区范围外的耕地作为保护的重点。

6.6 小结

①2000—2008年内，青海省耕地利用变化呈现急剧减少—缓慢增加—缓慢减少—缓慢增加的趋势。在研究期内，青海省人均耕地面积也在逐年减少，但是人均耕地面积减少的速度在逐渐降低。从耕地增减的情况来看，土地开发整理是青海省耕地增加的主要来源，而耕地减少主要源于生态退耕和建设占用，二者并没有同时出现。从建设用地占用耕地的情况来看，耕地占用审批以后，耕地占用存在一定的滞后性，这在一定程度上影响了当年耕地占用计划的制定；在耕地占用的过程中，存在明显的违法违规现象，即未批先建，这为耕地保护工作带来了很大的压力；居民点及工矿用地是耕地被占用的主导。

②青海省耕地利用变化在区域上也存在一定差异性。从青海省耕地区域指数来看，耕地资源主要集中在西宁市和海东地区。2000—2008年期间，西宁市、海东地区、黄南州耕地的区位指数都有所增加，同时也表明，这些地区是青海省粮食的主产区，也是耕地保护的重点区域。青海省各区域耕地利用变化的速度也存在一

定的差异。从土地利用分区的角度来看，青南土地利用区耕地减少的速度最快，其次是柴达木土地利用区和环青海湖土地利用区，减少速度相对较慢的是东部土地利用区。从经济发展的角度来看，经济欠发达地区耕地减少的速度要快于经济发达地区。从区域开发的角度来看，禁止开发区或限制开发区耕地减少的速度要快于鼓励开发区。从时间发展的角度来看，"十五"期间，各区耕地减少的速度要快于"十一五"期间耕地减少的速度。从耕地增减情况的区域差异来看，大部分地区的耕地增加基本上是通过土地的开发来实现，在耕地减少方面，生态退耕是青海省各个地区耕地减少的主要方式。

③在青海省，耕地利用变化主要受到耕地保护政策、生态退耕工程、土地开发整理工程、重大建设工程、人口与民族因素、城镇化进程的影响。耕地保护政策、土地开发整理工程对耕地保护起到了促进的作用，尤其是"耕地总量动态平衡"和耕地保护责任考核制度，在一定程度上促进了青海省的耕地保护。土地开发整理是耕地增加的主要来源，尤其是河湟谷地重大的土地开发整理工程，增加了耕地的有效面积。生态退耕工程、重大建设工程、人口与民族因素及城镇化进程在一定程度上减少了耕地。由于西部开发，国家有很多重大项目在青海省实施，耕地占用就难以避免。此外，民族政策及民族经济的发展，推动了少数民族地区的退耕还林还草工作，三江源地区的生态环境保护建设也推动了生态退耕工程的进程。

④对于青海省的耕地保护工作而言，还得始终坚持最严格的耕地保护制度，进一步加大土地整理的力度，从不同地区经济发展和规划布局的差异，坚持差异化的耕地利用政策，合理协调重大建设工程对耕地的占用，尽量做到少占耕地或不占耕地。

7 三峡库区耕地利用变化与模拟研究

7.1 三峡库区概况

三峡库区是指三峡大坝建成后受回水影响的水库淹没区和移民搬迁安置所涉及的区域，位于 E106°16′～111°28′、N28°56′～31°44′，行政上包括湖北省的宜昌市区、宜昌县、兴山县、秭归县、巴东县及重庆市的巫山县、巫溪县、奉节县、云阳县、开县、万州区、忠县、丰都县、石柱县、涪陵区、武隆县、长寿县、江北县、巴南区、江津市。总面积 5.8 万 km^2，2004 年总人口为 1 673.63 万人。三峡库区以山地为主，约占总面积的 74%，丘陵约占总面积的 22%，平原和坝地仅占 4%。三峡库区位于长江上游四川盆地东部沿江两岸，该区域季风气候明显、气候复杂、降雨集中。三峡大坝的修建，库区将淹没土地 632 km^2，并且都是低海拔的农业精华地。最终将迁移人口 120 万人，其中大部分农村人口将依山后靠，但仍在库区内安置。这将使原本超载的库区人粮、人地关系更加紧张。由于三峡大坝的修建，森林植被遭到较为严重的破坏，水土流失严重，地质灾害明显，气候灾害和其他自然灾害频繁，水体污染严重，农业生态经济系统生产力低下，农业基础设施严重不足。此外还有城镇生态失衡严重、库区经济和社会问题突出，从根本上难以解决。环境的脆弱性特征受各种自然和人为经济因素的综合作用，其发展变化也对环境组成结构和人类对资源环境的利用方式产生深远的影响。

7.2 耕地利用动态变化分析

从三峡库区 1990—2004 年耕地面积的变化情况来看，耕地面积总体上是在减少，15 年期间，耕地面积减少为 200 142 hm^2，年减少量为 13 343 hm^2。结合耕地的年变化率可以看出，耕地减少的程度不大，基本上呈现出“小幅度减少—急剧减少—中等程度减少—急剧减少—缓慢增加”的状态。急剧减少的年份分别是 1995 年和 2002 年，其年减少率分别为 4.77%和 9.50%。在 1990—1994 年期间耕地缓慢减少，其年变化率的平均值为 0.16%，在 1996—2001 年期间，其年变化率的平均值为 0.97%，2003—2004 年耕地面积有所增加。三峡库区人均耕地的面积一直在减少，并且在年变化率上出现了 3 个峰值，这 3 个年份人均耕地的变化非常大。另外，耕地面积变化与人均耕地面积变化，耕地年变化率与人均耕地年变化率具有很大的相似性。

为了反映三峡库区不同库区段的耕地利用变化情况，依据地形地貌与经济发展情况将整个三峡库区分为 3 个部分。第一部分是库区上游区，包括江津市、巴南区、江北县、长寿县、涪陵市、武隆县、丰都县、忠县、石柱县。第二部分是库腹区，包括万州区、开县、云阳县、奉节县、巫溪县、巫山县。第三部分是库底区，包括巴东县、秭归县、兴山县、宜昌县、宜昌市区。上游区、库腹区、库底区人均耕地的变化情况是一致的，虽然这 3 个库区段所在的行政区划不尽一致，但是耕地数量的变化却表现出了一致性，并且这 3 个库区段耕地的年变化率基本上也是一致的。可见三峡库区不同库区段耕地数量的变化是受到同一区域环境的影响。3 个库区段 2002 年的人均耕地面积变化最大，从人均耕地的年变化率曲线上也可以看到，在 2002 年曲线同时出现峰值。2002 年上游区、库腹区、库底区人均耕地的年变化率分别为 9.47%、11.13%、6.91%。

7.3 耕地利用变化驱动分析

耕地利用变化是人类活动作用于自然资源与环境的一种最为显著的表现形式，其发生和发展一方面受到区域自然地理环境的直接控制，包括气候、地貌、土壤等；另一方面也受到人类活动的干扰，主要表现为人类对耕地资源利用方式的选择，包括人口分布、交通状况、社会需求，以及经济产业结构等(赵杰等，2004；樊宏和张建平，2002)。研究表明，15 年来三峡库区耕地利用变化最主要的驱动力是国家政策的引导及人类社会经济活动。具体表现在，三峡库区水位的上升、产业结构的调整及生态退耕政策的影响。本部分将着重分析产业结构调整与社会经济活动对耕地利用变化的影响。

运用相关性分析的方法(余建英和何旭宏，2003)，利用 SPSS 软件统计分析，得出了耕地面积与各社会经济驱动因子之间的关系，如表 7-1 所示。从表 7-1 中可以看出，各经济指标值与耕地面积都呈现出高度的负相关。

表 7-1 耕地面积与社会经济驱动因子的相关性

驱动因子	城市化率	固定资产投资	城乡居民年末储蓄	第一产值	第二产值	第三产值	肉类产量
耕地面积	−0.96	−0.97	−0.97	−0.84	−0.96	−0.97	−0.94

7.3.1 经济发展与耕地利用变化

从表 7-1 可以看出，经济和社会的发展对耕地的消耗是非常大的。各经济因子与耕地面积均呈负相关，说明经济的发展需要耕地资源的投入，尤其是在工业化的加速阶段更需要资源的高投入。三峡库区耕地面积与第一产值、第二产值、第三产值的相关系数分别为−0.84、−0.96、−0.97，并且第二产值和第三产值对耕地面积的影响很大，这表明三峡库区开始调整经济产业结构，着重突出第二产业与第三产业的发展。而第一产值对耕地面积减少的影响较前者小，并且耕地面积与第一产值呈负相关，表明第一产值中，农业产值受耕地减少的影响较小，由于农业内部产业结构调整，转变耕地的用途，使农产品的附加值增加。

三峡工程的建设对库区经济带来很大的影响。在三峡库区经济发展的过程中，大量的耕地被占用。也就是说经济的增长给耕地带来巨大的压力，尤其是一个人均耕地比较少的区域。通过分析三峡库区 1990—2004 年间历年耕地面积与 GDP 的脱钩指数发现(曹银贵等，2006)：耕地的变化与 GDP 的变化的同步率不稳定，并且大部分年份处在绝对脱钩状态，表明这些年份经济的发展对耕地占用的压力相对较小，耕地对 GDP 的贡献率较小。而 1994 年、1996 年、1999 年、2000 年、2003 年及 2004 年处在相对脱钩的状态，表明这些年份耕地对 GDP 的贡献率较大。

7.3.2 城市化率与耕地利用变化

城市人口的增加，城市化的速度加快，带来了对城镇居住用地的需求，同时刺激了工业用地的增长。从表 7-1 中可以看出，城市化率与耕地面积的相关系数为−0.96，表明耕地的减少与城市化率密切相关。城镇人口的增加，农村人口的减少表示城市化程度的提高，因此城市化进程是耕地利用变化的重要影响因子。

7.3.3 生态退耕政策与耕地利用变化

在三峡库区分布着大面积的坡耕地，大多数的坡度都在 25°以上。国家对 25°以上的坡耕地采取了逐步退耕还林政策。实施退耕还林还草是三峡库区的重点实施工程，尤其是在重庆地区内的库区上游区和库腹区。在该地区实施退耕政策，有效遏制了水土流失，改善了生态环境，同时有利于农村产业结构的调整和农民增收。从表7-1可以看出，耕地面积与城乡居民年末储蓄额及肉类产量呈负相关。这表明退耕政策落到了实处，调整了产业结构，增加了居民的收入。2000—2001年三峡库区的万州区、开县、武隆县实施退耕还林还草工作试点。两年中，试点区县共完成退耕还林还草4.60万hm^2。2004年，退耕还林使耕地减少的面积占耕地减少面积总量的68.08%(黄娟和刁承泰，2006)。

7.4 耕地利用变化模拟

在耕地面积模拟预测的过程中，将采用神经网络与多元线性回归相结合的方法。文中采用3层BP神经网络的方法，输入层的神经元为城市化率、固定资产投资、城乡居民年末储蓄额、农业产值、肉类产量、第一产值、第二产值、第三产值的标准化值(韩力群，2002)。输出层为历年耕地的面积。隐含层神经元确定为9。在训练阈值0.000 2的控制下，经过25 824次训练，达到精度的要求。根据训练的结果，将历年社会经济指标的标准值代入BP神经网络中进行模拟，得到了历年耕地的模拟值。将耕地面积的模拟值与真实值进行了对比，并且引入了绝对误差。通过绝对误差分析发现，耕地面积的模拟值与真实值的总体变化趋势是一致的，并且模拟值与真实值的绝对误差的范围分布在(−2.50%，2.50%)之间，可见模拟的精度比较高。同时采用多元线性回归分析的方法，建立历年耕地面积与上述社会经济驱动因子之间的关系，并且进行模拟，比较其模拟精度与BP神经网络模拟精度的大小。利用多元回归方程模拟了历年的耕地面积，模拟出的历年耕地面积与真实面积的绝对误差范围是(2%，21%)，模拟值的面积基本上偏小。

通过两种模拟方法的比较分析可知，采用BP神经网络的方法大大提高了模拟的精度。因此采用BP神经网络的方法对三峡库区未来耕地面积进行预测。首先利用线性回归分析的方法，预测各社会经济驱动因子未来的值，然后将各因子的值代入到所建立的BP神经网络中，得出三峡库区未来的耕地面积。预测的年份是2010年和2015年。经过BP神经网络的预测，得到2010年和2015年的耕地面积值分别为728 200 hm^2和726 800 hm^2。2004年耕地的面积为788 858 hm^2，2006年三峡大坝竣工，水库开始蓄水，到2009年，三峡库区达到最终蓄水水位175 m，这样到2009年将有大部分耕地被淹没，因此到2010年，三峡库区耕地面积锐减。

7.5 小结

①三峡库区耕地的变化基本上呈现出“小幅度减少—急剧减少—中等程度减少—急剧减少—缓慢增加”的状态，同时人均耕地面积的变化情况也类似于耕地的总体变化情况。此外三峡库区3个不同库区段的耕地利用变化情况基本一致。

②三峡库区耕地的减少与社会经济的发展是休戚相关的。通过脱钩理论分析，有些年份耕地减少的速率与GDP的速率不同步，也就是说耕地面积与GDP呈现相对脱钩状态，GDP的增长是以大量的耕地占用为代价的。另外城市化的发展和退耕还林还草政策都对耕地的减少产生了很大的影响。

③根据驱动力分析的结果，采用BP神经网络和多元线性回归分析的方法对三峡库区耕地的面积进行模拟预测。在对耕地模拟精度评价的过程中发现，BP神经网络的模拟精度要高于多元线性回归分析的模拟精度。最后利用BP神经网络预测了三峡库区未来年份的耕地面积，结果比较合理。

8 重庆市耕地利用变化与管理对策研究

8.1 引言

耕地是受人类活动影响最大的土地利用类型之一(封志明等,2005),既是对粮食安全的保障,也担负着维持生态安全的重任。中国人口众多,在城镇化进程中,耕地利用变化对资源环境、社会经济发展以及生态保障等问题产生了深刻的影响(王国刚等,2014)。对引起耕地利用变化的驱动因素进行剖析,有利于区域资源环境变化与可持续发展等问题的解决(Cao 等,2013)。1996—2006 年中国的耕地面积由 1.30 亿 hm^2 减少至 1.22 亿 hm^2,经济的快速增长及城镇化进程的加速,导致中国耕地资源大量流失于建设开发中,人地矛盾日趋尖锐。而根据第二次全国土地调查数据结果显示,2009 年中国耕地面积增至 1.35 亿 hm^2,虽然数量上有大幅度提升,但在农业劳动力成本不断上涨的背景下,耕地撂荒等耕地边际化现象日趋严重(李升发和李秀彬,2018),再一次将耕地研究热度提升。随着城乡一体化建设的加快,耕地占补平衡政策的完善及耕地功能的逐步转型(王健等,2017;龙花楼和李婷婷,2012),耕地利用变化已从区域内部变化逐渐实现跨区域的动态变化,耕地利用变化的研究方法也逐渐出现革新。

中国耕地利用变化的现有研究主要集中在空间和时间两个维度。其中,对于不同区域的耕地利用变化研究,学者已分别在国家尺度(赵晓丽等,2014)、省域尺度(于元赫和李子君,2017)、市,县域尺度(曹银贵等,2007)及各流域尺度(何书金等,2002)等的耕地利用变化进行分析,主要方法是利用遥感数据等对土地利用覆被变化进行监测,根据社会经济统计年鉴等数据计算耕地利用变化的主要驱动因素。但这些研究区域主要集中在经济发达地区和沿海城市(郇红艳等,2013),研究方法较为单一。受研究区域的局限性,这些研究仅从个别城市内部的耕地利用变化进行分析,未从区域视角下综合分析不同空间尺度下耕地利用变化驱动因素的差异性。另外,基于长时间序列研究耕地的数量变化文献成果颇丰,大多数研究从数据中提取某地区耕地利用变化规律并运用适当模型,如利用层次分析(Cao 等,2010)、SD(宋蕾等,2018)、CA-Markov(胡碧松和张涵玥,2018)等对耕地利用变化进行模拟预测。这些模型在一定程度上揭示了耕地驱动因素的作用机理，解决了部分驱动因素间的非线性问题等，但对于耕地利用变化这种具有多空间尺度属性的数据进行分析时，数据的分层性质未能得到很好的体现，估计精度有待提升，缺失对尺度间耕地利用变化规律的进一步探讨。而对于多尺度的探讨上，已有学者对土地利用变化(Zhao 等，2016)、建设用地集约利用(叶青青等，2014)、农用地流转(钟海玥和张安录，2014)等进行研究，揭示了不同空间尺度因子对研究对象的驱动差异，但该研究还未用于耕地利用变化中。

基于上述考虑，本章以重庆市 38 个区县作为研究对象，将空间尺度分为区块尺度及区县尺度两部分，运用 2009—2016 年重庆市耕地面积、社会经济数据等，将基于长时间序列的计量经济学方法与空间统计学方法进行结合，即结合时间和空间两个角度对耕地利用变化规律进行剖析，建立分层线性模型综合分析不同尺度下耕地利用变化驱动因素的相互作用力，以期揭示不同尺度耕地利用变化的规律及驱动因素的尺度传递机理，为不同尺度间耕地利用变化研究及管理对策提供借鉴。

8.2 研究区概况与数据来源

8.2.1 研究区概况

重庆市位于中国西南部，是中国西部唯一的直辖市，是长江上游生态安全保障区和“一带一路”和长江经济带的重要联结点，也是典型的城乡综合配套改革试验区。许多特殊的土地政策在这里落地实行，其中，退耕还林(曹银贵等，2008)及“地票”(顾汉龙等，2018)等政策对耕地利用状况有较大影响。2006 年，重庆市提出了“一圈两翼”的区域发展格局。主城区内部分城市的城镇化率已达到 95%以上，而两翼地区处于贫困山区，经济发展水平较低。2013 年，重庆市基于发挥直辖市体制优势，打破城乡分割的二元结构，划分出五大功能区：都市功能核心区、都市功能拓展区、城市发展新区、渝东北生态涵养发展区、渝东南生态保护发展区。

本章选择重庆市 38 个区县作为研究区域。基于分层线性模型对数据的要求，加之都市功能核心区与都市功能拓展区所含区县较为一致，按照发展规划将二者作为功能核心拓展区(以下简称核心区)合并为一个统计单元。

8.2.2 数据来源

研究区数据主要来源于重庆市土地利用变更调查数据、2010—2017 年《重庆市统计年鉴》、38个区县相应年份的《国民经济和社会发展统计公报》等。

8.3 研究理论框架与方法

8.3.1 研究理论框架

耕地具有多重属性(宋小青等,2014),既受到自然条件的约束,又与社会资源息息相关。中国对耕地保护格外重视,新中国成立以来不断出台各项法律政策,如颁布《基本农田保护条例》、开展退耕还林试点、划定18亿亩耕地红线、完善耕地占补平衡政策等,从耕地的数量、质量及生态等方面进行多重管控,对耕地利用变化的研究也因此成为学者关注的焦点。

耕地利用变化的驱动因素包括自然因素和社会经济因素,但由于目前文献研究区多集中在中国中东部及沿海地区(郇红艳等,2013),对资源环境及地形地貌等驱动因素的研究较少,更多关注社会经济驱动下的耕地利用变化现象。耕地利用在不同尺度上的变化差异在一定程度上反映了耕地管理政策在不同行政体系之间传递的效率和执行的差别性。目前对耕地利用变化的研究尺度分为两种,一是从宏观角度出发,如赵晓丽等(2014)利用遥感影像等对中国耕地宏观变化规律及原因进行剖析,许丽丽等(2015)在此基础上对全国范围内耕地占补平衡的效果进行分析。二是从微观角度对社会经济驱动因素进行剖析,如基于地块尺度,郝仕龙等(2007)分析了耕地利用变化与农户经济行为的响应,贾科利等(2017)基于农户角度对农牧交错区耕地利用变化的影响因素进行调研分析。越来越多的文献指出耕地利用变化尺度选择的重要性,不同尺度下的研究中耕地利用变化驱动因素具有较大的差异,但如何选择合适的尺度或研究不同尺度间驱动因素的传递性仍是较空白的领域。

耕地利用变化对尺度具有依赖性,尺度问题是土地利用变化研究的关键部分(邵景安等,2008)。尺度依赖性加强了驱动因素的分层结构及其非线性特征(谢花林等,2006)。在具有层次决策框架的耕地利用中,简单地将小尺度耕地利用变化累加描述大尺度区域变化是不科学的。目前对尺度的研究主要关注在(邵景安等,2008):高/低分辨率下局地数据与区域数据的多空间尺度数据分析,驱动因素的跨尺度作用及土地利用政策的跨尺度施行与反馈。现有耕地利用变化研究对不同尺度的数据获取和过程模拟有了一定的探讨,但对其变化驱动因素的尺度效应研究还有所欠缺。

各个尺度的驱动因素分别影响着各自尺度的耕地利用变化,基于之前对耕地利用变化各个尺度的文献综述可知(宋蕾和曹银贵,2018),大尺度耕地利用变化重点关注政策、自然环境、地理区位等驱动因素的影响作用,小尺度耕地利用变化主要基于农户意愿不同带来的影响效应分析,如耕地的产权,耕作成本,劳动力、农户经济等。政策由上而下施行,由不同尺度的管理部门根据政策导向及自身条件等对耕地进行合理调整和保护,而最终政策施行的效果由农户对耕地的利用行为,自下而上地推动政策的改善及调整,因此本章提出以下框架(图 8-1)对耕地利用变化驱动因素的作用机理做出初步假设。

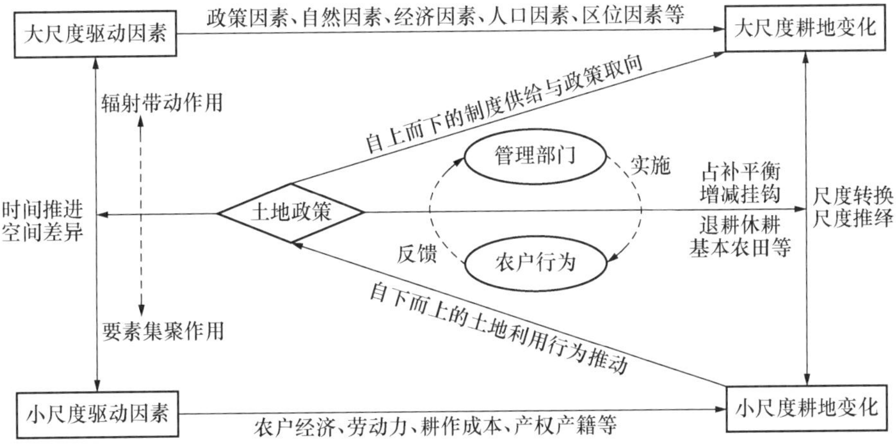

图 8-1　不同尺度下耕地驱动力综合作用机制

8.3.2　研究方法

(1)HLM 模型　社会研究中数据结构具有分层的性质是很常见的现象,但常规线性模型计量方法往往忽略数据的嵌套结构,导致不同数据的组内差异和组间差异混淆,产生一定的估计误差(Zhang 等,2014)。多层线性模型可以将因变量的变异从个体层次和总体层次两个方面进行分析,对各个层级的数据关系进行检验,有效分解组内差异和组间差异,提高估计精度(高佳等,2017)。根据本研究数据特点,将重庆市各区县 8 年期(2009—2016 年)的样本数据分为两个层次,区块级和区县级。模型基本形式如公式(8-1)、公式(8-2),研究数据采用 SPSS 软件做录入与基本处理,相关统计分析采用 HLM 7.0 进行。

$$\text{Level-1}: ARA_{ijt} = \beta_{0j} + \sum_{p=1}^{p} \beta_{pj} x_{pijt} + r_{ij} \tag{8-1}$$

$$\text{Level-2}: \beta_{pj} = \gamma_{p0} + \sum_{q=1}^{Q_p} \gamma_{pq} w_{qjt} + \mu_{pj} \tag{8-2}$$

其中：下标 i 为层一1 单元（区县层），下标 j 为层一2 单元（区块层），下标 t 为观测年份（2009—2016 年）；ARA_{ijt} 代表模型因变量，即 j 区块中 i 县在 t 年份的耕地面积，β_{0j} 为层一1 自变量对因变量回归的截距，β_{pj} 为层一1 待估系数，x_{pijt} 表示层一1 的自变量，r_{ij} 为层一1 随机成分；γ_{p0} 为层一2 自变量对 β_{pj} 回归的截距，γ_{pq} 为层一2 待估系数，μ_{pj} 为层一2 随机成分，w_{qjt} 为层一2 自变量。基于前文的理论分析及数据的可获得性原则，对两层单元选择如下变量进行初步描述统计，如表 8-1 所示。

表 8-1　变量说明及初步统计

变量	变量说明	平均值	标准差
因变量			
耕地面积	hm^2	65 500.18	33 106.94
Level-1：区县级自变量			
生产总值(GDP_x)	亿元	294.96	215.86
第一产业总值(FDP)	万元	256 675.21	142 990.15
到重庆市中心距离(DIS)	km	163.61	137.12
粮食总产量(PRO)	t	309 471.57	177 916.37
乡村从业人口(RPL)	万人	36.25	18.73
农作物播种面积(PAR)	hm^2	93 742.88	47 917.18
Level-2：区块级自变量			
生产总值(GDP_k)	亿元	2 899.62	1 722.32
工业总产值(IND)	亿元	3 712.50	2 978.04
第二产业产值(SDP)	亿元	1 432.03	843.77
公路里程(MIL)	km	31 077.47	17 603.41
城镇化率(URB)	非农业人口/总人口(%)	53.80	21.66

(2)数据预处理

①全局空间自相关。Global Moran's I 指数可以用来确定一定空间范围内某属性值的空间效应形式和聚散程度（孙克等，2018）。具体模型如公式(8-3)所示。

$$I=\frac{n\sum_{i=1}^{n}\sum_{j=1}^{n}w_{ij}(x_i-\overline{x})(x_j-\overline{x})}{S2\sum_{i=1}^{n}\sum_{j=1}^{n}w_{ij}} \tag{8-3}$$

其中：$S^2 = \frac{1}{n}\sum_{i-1}^{n}(x_i - \overline{x})2$；$n$ 表示空间单元数量，x_i 表示地区 i 的属性变量，x_j 表示地区 j 的属性变量，w_{ij} 为空间权重，I 表示全局 Moran's 指数。Moran's I 的取值范围为[−1,1]，大于 0 表示空间正相关性，其值越大，空间相关性越明显，表明研究对象具有空间聚合特征；小于 0 表示空间负相关性，其值越小，空间差异越大，表明研究对象具有空间离散特征；等于 0 表示空间呈随机性。

②变异系数。当同属性数据的测量尺度相差太大或数据量纲不同时，可采用变异系数来计算原始数据标准差与原始数据平均数的比值，消除量纲等影响，进行客观比较（张晗等，2018）。变异系数可用来度量耕地变化的空间内部差异性，变异系数越小，说明耕地数量的空间自相关性波动较小，反之则较大。计算如公式(8-4)所示。

$$C_v = \frac{\sqrt{\sum_{i=1}^{n}(y_i - \overline{y})/(n-1)}}{\overline{y}} \tag{8-4}$$

其中：C_v 表示研究变量的变异系数，n 代表研究对象的个数；y_i 表示第 i 个单元中耕地面积的 Moran's I 值；$\overline{y}$ 表示 y_i 的平均值。

③尺度方差。尺度方差分解法可以对研究对象的整体方差大小按照尺度等级进行分解，从而确定不同尺度该属性的变化对整体研究对象的贡献度，可辨别未来研究区域相关问题最适宜的尺度统计模型（邬建国，2007；Moellering 和 Tobler，1972），计算公式如公式(8-5)所示。

$$x_{ijk...z} = \mu + \alpha_i + \beta_{ij} + \gamma_{ijk} + \cdots + \omega_{ijk\cdots z} \tag{8-5}$$

$x_{ijk...z}$ 为等级系统最低尺度（区县级）的耕地面积，μ 表示所有基本单元的平均值，α_i，β_{ij}，γ_{ijk}，$\cdots\omega_{ijk\cdots z}$，分别表示各个尺度层次的影响因素。由于重庆市行政区域特殊，为中国直辖市，区别于省市县的尺度构成，仅有直辖市、区（县）二级，故将表 8-2 分解为两个尺度。I 为区块个数，$\overline{x_{i.}}$ 某区内以县为单位的耕地面积均值，$\overline{X..}$ 代表所有县耕地面积均值。其计算公式如表 8-2 所示。

表 8-2 尺度方差统计模型的参数计算公式

尺度	影响	自由度	尺度方差贡献率	尺度方差组成
区块层 α	$\overline{x_{i.}}-\overline{X..}$	$I-1$	$\frac{SS_\alpha}{SS_T}$	$\sum_{i=1}^{I}\alpha_i 2/(I-1)$
区县层 β	$x_{ij}-\overline{x_{i.}}$	$\sum_{i=1}^{I}(J_i-1)$	$\frac{SS_\beta}{SS_T}$	$\sum_{j=1}^{Ji}\beta_{ij}2/\sum_{i=1}^{I}(J_i-1)$
t	$x_{ij}-\overline{x_{ij}}$	$N-1$	1	

8.4 不同空间尺度耕地利用变化趋势

8.4.1 耕地利用变化动态度分析

根据重庆市 2009—2016 年耕地变更调查数据分析，研究期内仅渝东南区耕地面积总体呈现增加趋势，由 46.40 万 hm^2 增至 46.50 万 hm^2，其余功能区耕地面积均呈现不同程度减少趋势，尤其是核心区耕地面积在研究期内急剧减少，耕地利用变化幅度近 13.92%。而在区县视角下，研究期内耕地面积增加最多的地区为黔江区，增加耕地近 1 918.19 hm^2，耕地面积减少最多的为九龙坡区，减少近 3 710.51 hm^2。

从区块耕地利用变化尺度上能够明显看出(图 8-2)，核心区耕地利用变化幅度始终处于排在第一位，其耕地动态度远高于重庆市其他功能区，而耕地利用变化幅度由东南逐渐向西北转移。具体来说，渝东南区的耕地利用变化幅度逐渐减小，而城市发展新区、渝东北区的耕地幅度逐渐增加。从区县耕地利用变化尺度上可以看出，核心区的几个区县耕地利用变化幅度始终处于活跃状态，城市发展新区的所有区县均较 2009—2012 年变化幅度有所提升，渝东北呈现同样变化趋势，如巫山、巫溪、奉节等县耕地动态度均呈增加趋势，而渝东南区的变化幅度逐渐降至最小，如黔江区，秀山、彭水县等。

8.4.2 不同尺度耕地利用变化空间关联度分析

从图 8-3 中可看出，区块尺度下的耕地面积空间差异演变趋势与区县级尺度大致相同。其中两个尺度的 C_v 值均呈现上升趋势，代表该地区耕地面积的区域差异正逐年增加。其中，区县级尺度 C_v 值波动性相对较强，由 0.54 波动增长到

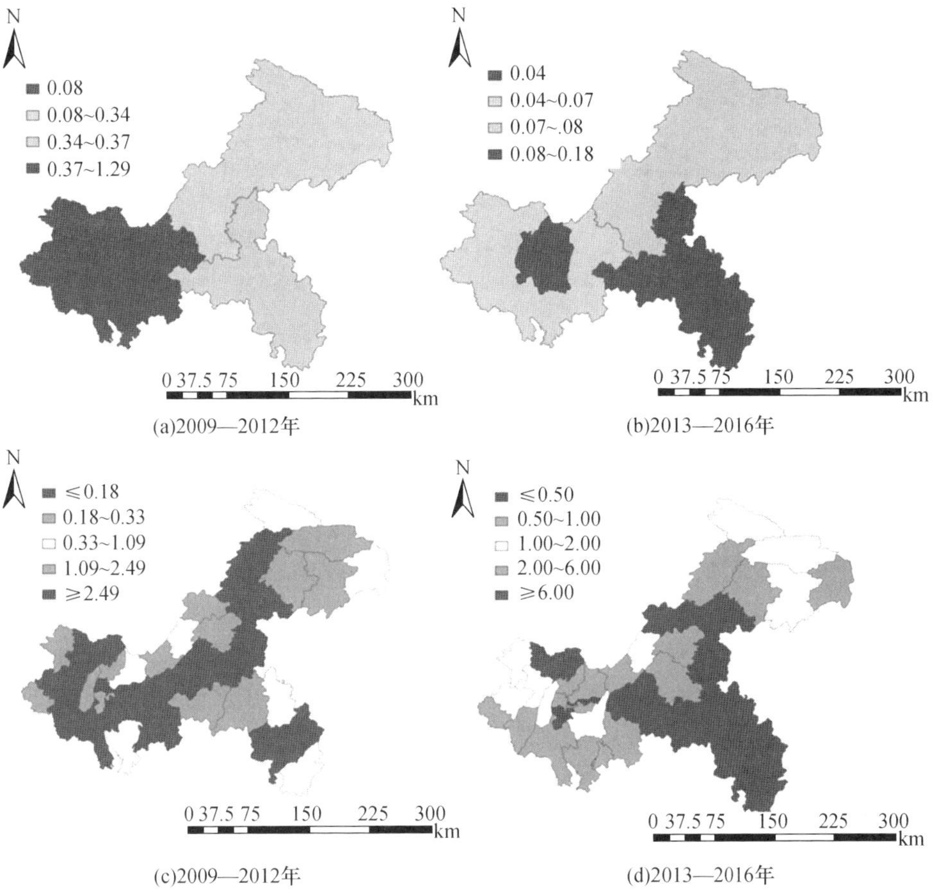

图 8-2　2009—2016 年重庆市耕地利用变化率的空间格局

0.57，且在 2012 年出现相对峰值。而区块尺度下耕地面积的空间内部差异明显小于区县尺度的空间差异。

从空间全局自相关角度来看，研究期内各区县的耕地面积的 Moran's I 值均为正数，Z 值均大于 1.96，且所有数据的 P 值均通过 5%的显著性检验，表明该区域耕地面积在空间上并不是随机分布的，存在一定的空间自相关性。区县尺度内，Moran's I 值由 2009 年 0.34 缓慢增加至 2016 年的 0.36，表明该尺度内不同区县的耕地数量分布呈现一定的空间正相关集聚态势，其变化幅度较小表明该区域的空间异质性较弱。而区块尺度包含区县数量较多，该尺度的 Moran's I 值未通过显著性检验，即该研究区域的耕地数量分布在越小的空间尺度越易呈现空间相关性。

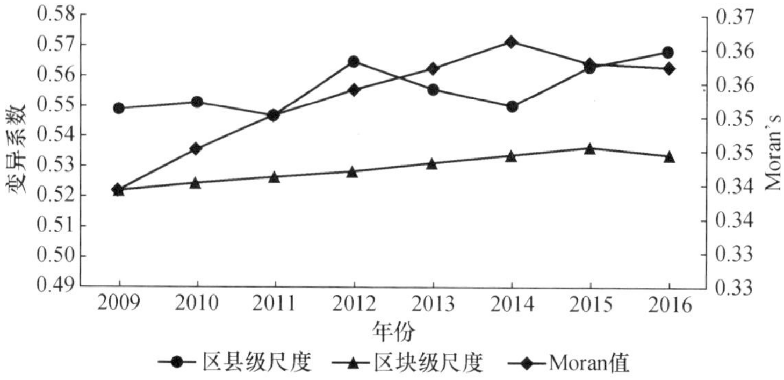

图 8-3 两个尺度的变异系数与 Moran 值变化趋势

8.4.3 基于尺度方差的耕地利用变化趋势分解

对两个尺度的区域差异测度进行分析可初步判断耕地利用变化是否在不同空间尺度上呈现不同变化趋势。通过尺度方差分析可知(图 8-4 和图 8-5 所示):①区块尺度方差变化呈现“倒 U”形趋势,最高达到 9.23,总体呈现增加趋势。而区县级尺度方差变化较为稳定,大致围绕 6.55 变化,总体呈现缓慢减少趋势。两尺度间的差值随时间推移逐渐增大,代表两个尺度的差距也在逐渐扩大。②从尺度方差的大小可比较出,区块尺度方差最小,区县级最大,即尺度越大,尺度方差越小。因此对于耕地数量变化分析,越小的尺度内呈现的空间差异程度越大。③对尺度方差进行分解发现,区县尺度耕地利用变化的差异贡献率远高于区块尺度,其平均贡献份额为 87%,占主导地位。区块尺度下,其方差贡献率虽远低于区县级,但仍呈增加趋势,表示对区块尺度下的耕地利用变化进行研究的重要性也在逐年增加。

通过以上分析可知,不同空间尺度内耕地利用变化的差异状况存在显著不同,即尺度的选择在耕地利用变化的研究中具有重要影响,为本章剖析两个尺度下各自耕地利用变化的驱动机制提供了可能。由于重庆市特殊的行政区划,两层级(重庆市、各区县)的行政体系在简单的尺度方差下不能精准地反映不同尺度的耕地利用变化驱动差异,因此本章采用两层线性模型,结合本章空间分析对重庆市耕地利用变化的尺度差异进行深入剖析。

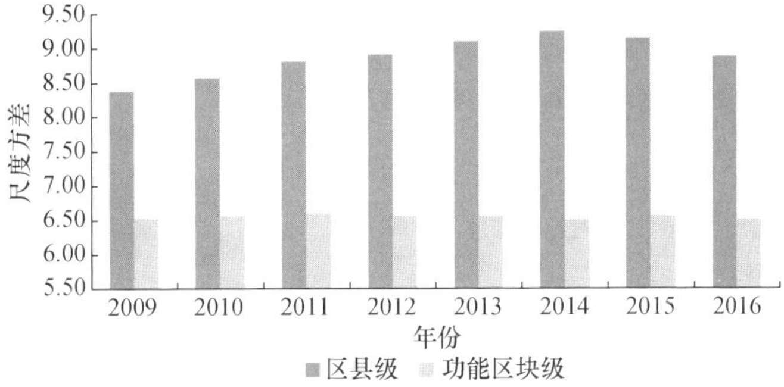

图 8-4 两个尺度的尺度方差

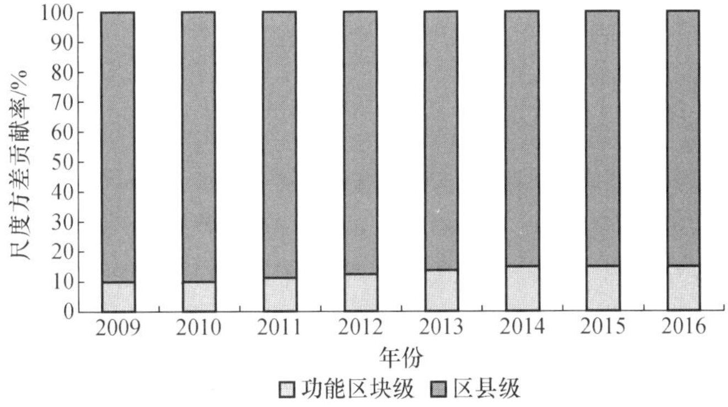

图 8-5 两个尺度的尺度方差与方差贡献率

8.5 多层线性模型的分析与应用

8.5.1 零模型分析

多层线性模型分析的第一步应当是零模型检验，可用于判断研究对象是否具有建立多层分析模型的属性，即进一步验证区块级尺度和区县级尺度间耕地利用变化驱动因素是否存在层次差异。当多层线性模型中估计信度＞0.50 时，即可认为模型基本满足要求。从表 8-3 可以看出，层一1 截距的信度为 0.925，误差的方差很小，且固定效应和随机效应均通过显著性检验，表明该模型拟合的耕地面积与实际耕地面积很接近。对式中进行组内相关系数计算可得区块尺度方差占总方差的 461 102 243.42/(461 102 243.42＋904 232 494.30)＝0.34，即造成重庆市耕地利用变化的驱动力差异有 34% 为区块级差异，66% 为区县级以内的差异。因此，在研究耕地利用变化时，将各区县所属的功能区块纳入分析模型中，有助于挖掘实际耕地利用变化驱动因素在不同尺度的作用效力。

表 8-3　零模型估计结果

零模型	固定效应				随机效应			
	参数	信度估计	T	P	参数	标准差	方差成分	P
Level-1：$ARA_{ijt}=\beta_{0j}+r_{ij}$	γ_{00}	0.925	4.977	0.009	u_{0j}	23 687.60	461 102 243.42	0.000
Level-2：$\beta_{0j}=\gamma_{00}+u_{0j}$					r_{ij}	28 358.99	904 232 494.30	

8.5.2　半条件模型分析

半条件模型的分析可以对不同尺度耕地利用变化驱动因素进行筛选，既判断某变量在该层中是否存在变异，更能确定该变量是否影响下一层回归系数的变异。根据模型结果对部分过程进行列出，如表 8-4 中随机系数模型和固定效应模型建模过程。根据半条件模型分析结果，层－1 中生产总值(GDP_x)，到重庆市中心距离(DIS)，乡村从业人口(RPL)，农作物播种面积(PAR)；层－2 中生产总值(GDP_k)，公路里程(MIL)，城镇化率(URB)的回归系数均通过显著性检验，说明这些驱动因素在尺度上存在变异，应在模型构建中考虑这些因素在尺度间的转换过程。而其余自变量没有通过显著性检验，在模型构建中将这一部分暂作忽略。据此本章构建 4 个层－1 指标，以及 3 个层－2 指标的半条件模型，如表 8-4 所示。

表 8-4　半条件模型变量选择

尺度	GDP_x	FDP	DIS	PRO	RPL	PAR	GDP_k	IND	SDP	MIL	URB
区块							√			√	√
区县	√		√		√	√					

根据层－1 随机系数模型模拟结果显示(表 8-5)，在区县尺度上，当区县距重庆市市中心的距离每增加 1 km，耕地面积会增加 4.70 hm^2；而每增加一万的乡村人口，耕地面积会增加 6.09 hm^2，GDP 每增加 1 亿元，耕地面积会减少 4.21 hm^2，农作物播种面积每增加 1 hm^2，耕地面积会增加 1.49 hm^2。而根据随机系数模型的固定效应 r_{00} 值显示，区级耕地面积的平均值约为 64 931.62 hm^2。根据层－2

以均值为结果模型的固定效应显示，与零模型分析相比较，在添加自变量后，层-2的随机系数减少近(461 102 243.42－31 612 426.16)/461 102 243.42＝0.93，即约93.10%的区县尺度耕地利用变化由区块级尺度的GDP、公路里程及城镇化率等因素解释。而计算此时的组内相关系数可知，31 612 426.16/(31 612 426.16＋560 874 160.98)＝0.05，即当忽略GDP、公路里程及城镇化率的驱动因素时，区块级尺度产生的差异仅占总差异的5.30%。

8.5.3 完整性检验

完整模型可以揭示第一层次变量(区县尺度因素)以及第二层次变量(区块尺度因素)对耕地利用变化的影响机理及影响程度。基于零模型与半条件模型的检验，对重庆市两个尺度的耕地利用变化驱动因素建立完整模型如表8-5所示。

根据完整模型的固定效应可以看出，区块级城镇化率、GDP的提升对其所属的各区县的耕地面积具有显著的负作用，而公路里程对不同功能区块所辖区县具有一定的正向推动作用。即当区块级城镇化率每增加1%，其辖区内各区县耕地面积会减少3.13 hm^2，区块级GDP每增加1亿元，其辖区内各区县耕地面积约会减少9.64 hm^2，区块级公路里程每增加1 km，其辖区内各区县耕地面积会增加3.95 hm^2，这与半条件模型中固定效应模型的估计结果基本一致。区块级驱动因素URB与区县尺度DIS的斜率呈显著负相关，但随着区块级城镇化率的提升(γ_{11}＝－0.003)会弱化这一相关性，而各区县距重庆市中心的距离与耕地面积呈正相关(γ_{10}＝7.642)，这说明随着区块尺度的城镇化率越高，其辖区内各区县的耕地面积与其距市中心的距离的正相关性会越不明显。同理，当区块级尺度城镇化率提高时，其辖区内区县级尺度的乡村从业人口与耕地面积的正相关性会有所上升。区块级GDP的提升对其辖区内各区县的GDP与耕地面积的负相关性也有所增强。城镇化率和GDP越高的功能区，其辖区内区县尺度的农作物播种面积与耕地面积的正相关性会越不明显。

根据完整模型的随机效应显示，该模型在引入3个层-2变量后，区县尺度4个变量的随机效应均未通过显著性检验($P>0.1$)，即3个层-2变量的引入足以解释层-1变量，无须添加更高层次的变量。且根据计算方差消减比可分析，层-2变量的引入对模型解释水平有无提升。根据半条件模型的无条件方差以及完整模型中的条件方差可以计算出，层-1的变量方差消减比分别为57.45%、90.20%、72.94%、85.59%，表明区县级变量在区块级变量引入后均有不同程度的方差消减。且区县级耕地面积的参数方差中约有83.85%能被区块尺度的GDP、URB和MIL所解释，因此层-2变量的引入对模型解释水平有较大的提升。

表 8-5　耕地利用变化驱动力分层模型分析结果

模型		固定效应			随机效应		
		参数	随机截距	P	参数	随机系数	P
零模型	Level-1:$ARA_{ijt}=\beta_{0j}+r_{ij}$	γ	63 530.933	0.018	u_0	461 102 243.420	
	Level-2:$\beta_{0j}=\gamma_{00}+u_{0j}$						
随机系数模型	Level-1:$ARA_{ijt}=\beta_0+\beta_1(DIS)+\beta_2(RPL)$	γ_{00}	64 931.621	0.000	u_{0j}	461 073 698.312	0.000
	$+\beta_3(GDP_x)+\beta_4(PAR)+r_{ij}$						
	Level-2:$\beta_{0j}=\gamma_{00}+u_{0j}$						
	$\beta_{1j}=\gamma_{10}+u_{1j}$	γ_{10}	4.697	0.037	u_{1j}	19.196	0.037
	$\beta_{2j}=\gamma_{20}+u_{2j}$	γ_{20}	6.085	0.000	u_{2j}	199.781	0.000
	$\beta_{3j}=\gamma_{30}+u_{3j}$	γ_{30}	−4.209	0.013	u_{3j}	0.085	0.013
	$\beta_{4j}=\gamma_{40}+u_{4j}$	γ_{40}	1.486	0.000	u_{4j}	139.747	0.000
					γ	64 931.620	
固定效应模型	Level-1:$ARA_{ijt}=\beta_0+r_{ij}$	γ_{00}	23 682.782	0.000	u_{0j}	31 612 426.160	
	Level-2:$\beta_{0j}=\gamma_{00}+\gamma_{10}(URB)$	γ_{10}	−3.115	0.018			
	$+\gamma_{20}(MIL)$	γ_{20}	3.924	0.015			
	$+\gamma_{30}(GDP\_k)+u_{0j}$	γ_{30}	−9.565	0.000			
		γ	560 874 160.977	0.000			
完整模型	Level-1:$ARA_{ijt}=\beta_0+\beta_0(DIS)+\beta_2(RPL)$	γ_{00}	65 406.127	0.000	u_{0j}	74 464 161.050	0.024
	$+\beta_3(GDP_x)+\beta_4(PAR)+r_{ij}$	γ_{01}	−3.129	0.000	u_{1j}	8.167	0.158
	Level-2:$\beta_{0j}=\gamma_{00}+\gamma_{01}(URB)$	γ_{02}	3.945	0.002	u_{2j}	19.585	0.279
	$+\gamma_{02}(MIL)+\gamma_{03}(GDP\_k)$	γ_{03}	−9.643	0.010	u_{3j}	0.023	0.135
	$+u_{0j}$	γ_{11}	−0.003	0.000	u_{4j}	20.142	0.089
	$\beta_{1j}=\gamma_{10}+\gamma_{11}(URB)+u_{1j}$	γ_{21}	0.000 9	0.087	γ_{10}	7.642	0.002
	$\beta_{2j}=\gamma_{20}+\gamma_{21}(URB)+u_{2j}$	γ_{31}	−0.014	0.036	γ_{20}	3.316	0.000
	$\beta_{3j}=\gamma_{30}+\gamma_{31}(GDP\_k)+u_{3j}$	γ_{41}	−0.000 2	0.015	γ_{30}	−3.126	0.014
	$\beta_{4j}=\gamma_{40}+\gamma_{41}(URB)+\gamma_{42}(GDP\_k)+u_{4j}$	γ_{42}	−0.008	0.003	γ_{40}	0.621	0.000

8.5.4 多层线性模型应用的效果

通过空间统计学的相关计算可知，该研究区最适宜的研究尺度为区县级尺度，但区块尺度下耕地利用变化的方差贡献率逐年增加，表明对该空间尺度下耕地利用变化的分析逐渐重要。未来对耕地利用变化的研究应当在尺度分析的基础上，确定重点研究尺度后，还要考虑其上下尺度之间的联系，以对区域范围内耕地利用变化进行综合分析。通过多层线性模型对耕地利用变化在尺度间的作用效力进行研究，可定量对耕地利用变化驱动因素的尺度差异进行表征，准确描述不同空间尺度下，驱动因素对其尺度内的耕地利用变化的影响及尺度间驱动因素的相互作用力。同时，多层线性模型的分析结果也验证了前面的理论框架，其中，模型中FDP、RPL、DIS、URB等可简单代表不同尺度的驱动因素，如劳动力、区位因素、经济因素等，进一步突出耕地研究应当添加尺度转换的重要性。

胡伟艳等(2017)采用尺度方差等方法从三个空间尺度测算建设占用耕地空间差异的多尺度特征，对尺度特征和来源特征进行定性描述，但该空间统计方法仅对空间差异进行分析，未对引起差异的驱动力进行尺度分解。本章采用空间统计学的方法，首先揭示重庆市内耕地利用变化的空间差异与相关分布，在尺度方差分解的基础上测算出该研究区域耕地利用变化具有尺度效应，引入多层线性模型将耕地利用变化看作一个多水平系统，将尺度因素作为独立变量，衡量不同空间尺度下驱动力之间的关系，通过多层线性模型揭示该区域耕地利用变化驱动力也具有尺度效应。袁磊等(2016)利用多水平 Logistic 回归模型对宜良县的土地利用变化驱动力进行定量分析，对驱动力的多尺度研究进行尝试，其研究考虑了因尺度效应带来的数据多层次结构，但未对多尺度间各驱动因素的相互影响作用力进一步定量分析。本章在此基础上采用空间统计学与计量经济学模型相结合的方式，分别从定性与定量的角度揭示耕地利用变化和耕地利用变化驱动力的尺度差异，对研究区域进行扩大，利用多层线性模型对重庆市 38 个区县进行样点分析，丰富多尺度研究的样本数据，更深入探究较大区域内驱动力的跨尺度交互作用。该方法可以推广至土地利用变化研究中其他地类的多尺度分析，对具有嵌套结构的数据进行尺度分解，从整体角度揭示各个尺度地类变化规律及驱动因素的尺度效应。

由于数据资料有限性，本章仅对两个尺度的耕地利用变化进行分析，下一步工作应当添加基于农户视角的微小尺度耕地利用变化驱动力分析，更加深刻剖析多尺度耕地利用变化的驱动机制，为政策自上而下的施行以及自下而上的反映过程提供参考。此外，耕地利用变化是个复杂的过程，除经济发展，城镇化进程等对其有重要驱动作用，国家、区域等不同层面的政策施行也对其有主导和约束作用。不同的驱动因子在不同尺度范围内作用效力是不同的，在尺度传递过程中均有一定的能量损失，未来对同一耕地政策在不同尺度间传递效率的研究，分析政策在不同尺度施行的传递规律应当作为重点，为不同政策的施行提供科学借鉴。

8.6 不同空间尺度耕地利用变化驱动差异分析

目前，已有许多文献对耕地利用变化及驱动效力进行研究，尽管本章与其他学者的研究数据及研究方法上存在差异，但本章的研究结论与诸多学者所提观点基本吻合，从某些方面证实了本章研究结论的可信性。例如，赵伟等(2013)利用5年期耕地数据研究发现重庆主城区附近区县由于城市化占用导致耕地不断减少，Cao等(2015)对重庆市城区建设用地的扩张进行缓冲分析。本章在此基础上利用重庆市近8年耕地数据研究发现重庆市主城区附近耕地利用变化幅度较大，耕地利用变化幅度由东南向西北逐渐增加，耕地保护重任也逐渐落在渝东南生态保护发展区。通过空间关联度分析发现，重庆市的耕地利用变化在区县尺度最为显著，因此该研究区域最适宜的研究尺度为区县尺度。区县尺度下耕地利用变化存在一定的空间相关性，也侧面反映了各功能区不同的城市发展定位。根据重庆市土地利用总体规划(2006—2020年)可知，到2010年，重庆市耕地保有量不低于222万 hm^2，2020年不得低于217万 hm^2，而在2017年重庆市将耕地从原2020年规划目标调减26.50万 hm^2。截至2016年，重庆市耕地面积为238万 hm^2。根据规划可知，未来一段时间重庆市耕地面积很有可能持续减少，如何合理分配耕地保护任务，将耕地保护责任层层分解到各个尺度的管理部门以提高耕地保护效率，亟需关于耕地驱动力及尺度转换效应方面的研究作为指导。

范科红等(2012)对重庆市土地利用变化驱动因素进行分析，发现土地利用变化主要受人口、经济等影响，建设用地面积扩大致使耕地面积下降。本章在此基础上进一步通过计算可知，区县尺度内：GDP与耕地面积呈现负相关作用，而各区县到重庆市中心距离，乡村从业人口，农作物播种面积对耕地面积具有正相关作用。对比所有对耕地利用变化具有显著驱动作用的因素，各区县距重庆市市中心距离对耕地利用变化的作用效果最大，每变化一单位，耕地面积会增加4.70 hm^2。区块尺度内：公路里程与耕地面积呈现正相关作用，GDP与城镇化率均对耕地面积产生负向作用。这一研究结果与郭雅雯等(2012)的研究结果相似。即公路里程的增加，在一定程度上提升了路网通行能力，尤其是对渝东南和渝东北等地区，地势较高，地形复杂，交通运输条件的改善在一定程度上降低了耕作成本，从而提高了农产品的市场流通范围及农户耕作意愿。

两个空间尺度内耕地利用变化驱动力的作用效力具有一定的相似性，同样受GDP的负作用影响，同时，两个尺度间耕地驱动力也互相影响。如根据半条件模型分析可知，各区县级尺度的乡村从业人口与耕地面积具有正相关性，而在完整模型中引入区块级尺度变量发现，当区块尺度的城镇化率提高时，该正相关性将会被弱化。该驱动效应在尺度间的转换与钟海玥等(2014)对农地流转驱动机制的多空间尺度研究相吻合，其研究指出市域GDP会强化县域GDP与农地流转的正向关联。即大尺度某变量可能提升或缩减小尺度某变量对耕地利用变化的作用力，而小尺度的耕地利用变化驱动因素会影响大尺度的综合变化特征。

8.7 不同空间尺度耕地管理对策

重庆市受三峡水库、退耕还林等工程胁迫耕地面积持续递减(曹银贵等，2006)，经计算，2010—2016年间重庆市耕地面积减少6.04万hm^2。且随着重庆市主城区各区县城镇化率达到95%以上，经济和城市化的高速发展更加剧了该部分区域的人地矛盾，对该区域进行耕地利用变化规律及驱动机制的研究迫在眉睫。重庆市是中国中西部唯一的直辖市，行政体制较其他各省(自治区)少一层级，在该部分区域开展多尺度耕地利用变化协调管理工作更易提高效率。

中国的土地利用总体规划按照行政辖属自上而下层层下达，耕地保护任务也由此逐级分解，使得耕地数据具有嵌套属性。目前对耕地利用变化的研究多停留在一种空间尺度范围内，即孤立地分析一定范围内的耕地利用变化受资深区域的影响，而忽略了耕地数据嵌套结构带来的尺度效应。这种局限性将城乡一体化发展背景下区域的相互作用力完全忽略，未从多空间尺度协调各耕地利用变化驱动因素的作用效力，易使得管理政策本身的作用效力在不同空间尺度下流失，不利于耕地保护任务的进行。因此，未来对耕地利用变化的研究不应只在某一尺度关注驱动因素的作用机制，而应当在多尺度分析每个尺度驱动因素的差异性及互相影响作用。

基于本章研究可知，重庆市区县级尺度内的耕地管理工作应当注重以下几点：

①减少GDP对耕地面积的负面影响。重庆市应以"一圈两翼"发展战略及《成渝经济区区域规划》为契机，充分考虑各功能区的经济发展、生态保护、粮食生产及区域资源优势，既要加强成渝经济圈重庆部分的经济增长及区域发展联系，又要对主要粮食生产区的耕地数量和质量进行严格管控。对于经济发展地位和城市职能较高的区域可重点发展经济，从宏观层面对重庆市整体的耕地总量平衡进行管控，因地制宜地分配耕地保护任务。

②由于距重庆市中心的距离成为影响耕地面积最大效力的驱动因素，从重庆市整体看耕地数量的分布可知，远离主城区的各区县耕地面积较多，这部分区县的耕地管理工作应当注重开展耕地规模化、产业化的经营，加大对这些区域的农业发展政策和科技扶持，完善和调整农业补贴政策，提高耕作积极性，给予适当的生态补偿。

③对于区块级尺度的耕地管理工作，也应考虑减少GDP与城镇化发展对耕地数量造成的负面影响。引导经济高质量地稳步提升，城市扩张由粗放型用地模式向集约型转变。而区块尺度下公路里程对耕地面积的正向作用也说明未来应当不断完善交通运输条件，降低耕作成本及农产品运输成本等，通过开展土地整治工程等改善耕作条件，促进耕地规模化经营，从而使得区块尺度内耕地保护明显由"被动"向主动转变。

④而对于两个尺度间驱动因素的作用力研究，可以为管理工作按照空间尺度进行层级划分提供科学参考。例如，区块级尺度的城镇化率会弱化各区县距市中心距离对耕地数量的正相关作用，因此对重庆市内耕地保护工作中的首要任务是对各功能区块尺度范围内城镇建设用地的集约利用及对建设占用耕地的管控，其次是对远离市中心的区县尺度内耕作条件的改善、耕地持续稳定的集约利用。未来在耕地管理工作中应当考虑尺度效应问题，关注不同驱动力在各个尺度下的作用效力，将耕地保护任务按照空间尺度进行科学分解，提升耕地保护工作的效率。

8.8 小结

本章以HLM模型为基础，运用空间统计学和计量经济学模型对2009—2016年重庆市耕地利用变化及不同尺度的驱动力差异进行分析。主要研究结论如下：

①研究期内重庆市耕地利用变化率随时间推移由东南向西北增加。两个尺度内的耕地面积区域差异均逐年增加，区县尺度的耕地数量分布呈现一定的空间正相关集聚态势。研究尺度越小，其耕地数量分布的空间相关性越易呈现。

②两尺度间耕地利用变化差距逐年增大。对于该研究区域，区县尺度呈现的空间差异程度较大，更适宜研究耕地利用变化，但区块尺度的方差贡献率逐年增加，也是研究中不可忽略的重要部分。重庆市耕地利用变化驱动力有33.80%为区块级差异，66.20%为区县级的差异。区块层变量的引入解释了83.85%的区县级耕地利用变化差异，90.20%的区县级乡村从业人口与耕地利用变化的关系，72.94%的区县级GDP与耕地利用变化的关系，85.59%的区县级农作物播种面积与耕地利用变化的关系。

③区块尺度内，城镇化率和GDP的提升对其辖区内的区县耕地面积有显著负作用，且这种负作用还对区县尺度内驱动因素的作用过程有所影响。如区块尺度的URB会弱化区县尺度耕地面积与其距市中心距离的正相关性，区块尺度的GDP会增强区县尺度GDP与耕地面积的负相关性。

9 重庆市快速城镇化地区耕地利用变化与管理对策研究

9.1 引言

土地利用/覆被变化是反映人类对自然资源开发、经营和利用的最基本的变化形式之一(朱红波和张安录,2007),也是影响区域可持续发展,资源环境与生态效应是否能够维持稳定的一种"全球"现象(Ustaoglu等,2016)。而农业耕作是人类利用土地的最基本的活动之一(杨勇等,2017),特别是在人地矛盾较为突出的中国,随着城镇化快速发展,耕地这种土地利用类型逐渐延伸出多重反馈系统(戈大专等,2018)。有限的耕地资源面临着城乡建设、经济发展、粮食生产以及生态保护等多重压力,将耕地利用变化研究推向土地利用变化研究的前沿和热点部分。从宏观角度来说,当下中国经济快速增长,城镇化、工业化水平进入高速发展的中期阶段,使得耕地资源的保护到达最为困难和关键的时期(郧文聚和杨晓艳,2007)。而从微观上看,与耕地息息相关的种植业由于比较利益的下降,也推进了传统农业生产结构向更高经济效益的土地利用经营方式转变,致使耕地非农化现象逐渐增加。

日本、美国及欧洲发达国家的耕地功能早已实现转型,由城市化发展初期时,自上而下制度主导的食物生产功能逐渐过渡到城市化快速发展阶段,由自下而上的市场需求主导的生态服务、景观等多功能价值并存(宋小青等,2014)。这些国家在耕地的生态服务市场的建立、发展等已积累了丰富经验,对耕地利用变化相关问题研究热度不高。然而,中国作为世界人口第一大国以及最大的发展中国家,城镇化水平由1998年的33.35%上升至2017年的58.52%,人均GDP由1998年的6 860元/人升至2017年的5.80万元/人,其社会经济的飞速增长以及快速提高的城镇化水平等使得人地矛盾日渐尖锐,尤其是保障粮食安全的耕地利用变化引起了很多学者对中国是否能够满足自身粮食需求的关注。因此关于耕地利用变化及其保护这个特殊中国式问题成为了讨论热点。改革开放以来,中国政府通过不断实行农业结构战略性调整、统筹城乡发展等,逐步夯实了农业基础地位(宋小青等,2014)。并且针对中国耕地资源的变化特征,国家相继出台一系列耕地保护政策与管理要求,例如,将“十分珍惜、合理利用土地和切实保护耕地”定为基本国策,并于1998年写入《中华人民共和国土地管理法》,提出“严守18亿亩耕地红线”“确保国家粮食安全,像保护大熊猫一样保护耕地”和“保护耕地就是保护我们的生命线”等,在党的十九大报告中也提出,要严格保护耕地,扩大轮作休耕试点,使得耕地保护在国内被提升至极高的战略地位。

目前,学者们分别从耕地利用变化趋势(Cao等,2013)、耕地利用变化模拟模型(曹祺文等,2016)、耕地利用变化驱动机制(曹银贵等,2010)以及政策制定等方向进行深入探讨,并在不同尺度下开展了许多具体研究。大多数学者的观点认为目前中国大部分地区的耕地利用变化与研究区内的城镇化率、人均GDP、乡村从业人员、公路里程等一些社会经济指标有关,且从整个国家的宏观角度来看,耕地面积的数量与质量不容乐观(张豪等,2009)。然而目前关于耕地利用变化驱动因素的研究视角大多数局限在较为微观的区域范畴内,即对某个区域的耕地利用研究,多停留在该区域内自身发展对当地耕地利用变化的影响,而忽略了城乡统筹一体化发展下区域间的相互作用带来的耕地格局变化。随着城乡统一土地市场的推进,区域土地利用变化格局将逐渐扩大范围(许丽丽等,2015),而耕地利用动态变化也不仅仅受本区域经济发展带来的影响。在中国特有的增减挂钩、扶贫等政策的实施背景下,不同区域间建设用地指标的置换推动了区域间耕地景观格局的变化,部分较偏远的城市通过土地整理、复垦等工作增加本区域耕地面积,将新增耕地面积兑换成指标进行建设用地指标交易来促进农民增收。这种政策及发展趋势带来的耕地利用变化,有可能会在局部区域出现数量上的不均衡变化,这就要求耕地利用变化应综合分析不同区域的区位条件、自身经济发展情况以及受周边城市经济发展的驱动影响。随着城镇化的快速提升,城市间经济发展互相融合成为大体趋势,以大城市为核心构成的城市圈在经济一体化的建设中发挥着越来越重要的作用,如何完善城市圈的功能布局,对圈内的土地利用变化规律进行研究也逐渐成为了学者们的关注热点之一。

而本章采用的城市引力模型来自物理学中的万有引力定律,此模型在社会科学领域中得到了广泛应用,不少学者将其应用在城市间空间结构(徐昌瑜,2013)和区域经济辐射范围(Kabir等,2017)研究中。由于引力模型能够综合考虑城乡一体化背景下影响耕地利用变化的空间因素和时间因素,解决以往仅基于长时间序列的耕地驱动力分析的局限性,目前将引力模型引入土地利用方面进行空间耦合分析的研究也逐渐发展起来(刘红梅等,2012)。鉴于此,本章以重庆市一小时经济圈为例，对经济圈内的区域耕地利用差异性进行分区评价，在改进以往分析耕地利用变化所采用的本地耕地利用变化驱动力测算方法的基础上，引入引力模型对城市间区域经济联系量以及空间相互作用量的大小进行衡量，进而测算出引力作用范围内的不同城市耕地利用变化与城市间空间作用力的耦合关系，据此划分不同片区对其耕地利用变化驱动机制进行剖析，以期对不同区域未来耕地保护政策的制定提供因地制宜的理论支持，为其他经济圈或实行相关政策的区域耕地利用研究情况提供参考。

9.2 研究区概况与数据来源

9.2.1 研究区概况

本章的研究区域是成渝经济圈中的重庆市一小时经济圈内的共 18 区县(图 9-1)，其中，大部分区县均属于三峡库区中上游地区(重庆段)。该经济圈是西部地区重要经济中心，经济圈内的城市城镇化发展迅速，也是长江上游生态安全保

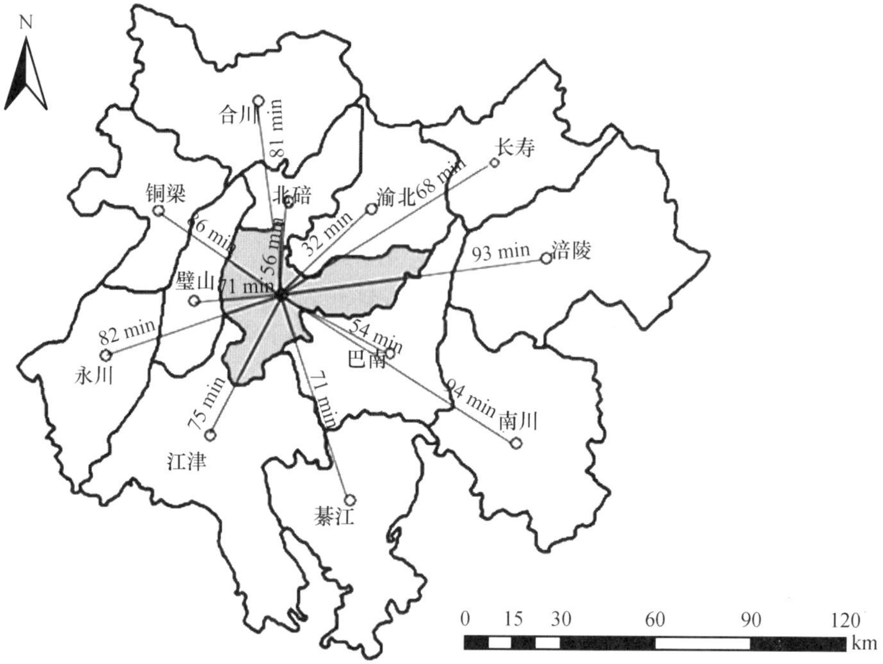

图 9-1 引力模型作用示意图

障区，也是统筹城乡发展的示范区。此外，许多特殊的土地政策在这里落地实行，对城市发展格局及土地利用情况有较大影响。由于重庆市是全国典型的城乡建设用地增减挂钩试点区，因其发展的地票制度等政策特殊性有利于土地增值收益从主城区附近向较为偏远地区转移（Lin 和 Zhu，2014），也使得重庆市耕地面积变化驱动因素与其他地区相比更丰富化、多元化。

9.2.2 数据来源

本章选取重庆市的社会经济发展资料包括：①《2006—2017 年重庆市统计年鉴》中的非农业人口、第一产业总值等社会经济指标。②耕地面积来源于两个方面：其中 2006—2010 年各区县耕地面积来自《2006—2010 年重庆市统计年鉴》；2011—2016 年耕地面积来自各区县的统计年鉴及国民经济和社会发展统计公报，如《2012 年重庆市长寿区国民经济和社会发展统计公报》等。③各个区县间的空间距离来自《2006—2017 年重庆市道路运营公路里程图册》。

9.3 引力模型的构建

空间相互作用理论认为，城市的发展对周围区域的影响力作用大小与城市发展规模成正相关，反之与城市之间的距离成负相关（龚言浩等，2018）。因此，本章应用引力模型去衡量城市发展对周边地区耕地利用变化的影响，模型建立过程如下：

（1）确定中心引力源　本章通过对长时间序列下不同研究区域的城乡建设、经济发展水平、交通通信、产业发展等指标的分析，拟选择重庆市功能核心区作为本章研究区内的中心城市，考察核心区城市发展情况对重庆市一小时经济圈各区域耕地利用的影响（图 9-1）。

（2）对城市质量进行测算　本章在对重庆市各区县做质量测算时，基于相关文献分析（Delphin 等，2016）引入对耕地利用变化影响较大的一些因素对传统引力模型进行补充，包括使用非农业人口、第一产业总值、第二产业总值、第三产业总值、人均 GDP 及公路里程等指标对引力模型中的城市质量进行测算。对以上指标的原始数据采用极值标准化处理，之后对年度各组数据分别用变异系数法计算各年每个区县所有指标的权重。

在评价城市质量的过程中，不应仅从几项指标中进行考量，还应当综合考虑城市规模和体量。城市圈内各要素集聚，在发展过程中会受到不同程度的政策倾斜，而这种政策倾斜力度受城镇发展等级的影响较大。因此本章根据 2006—2016 年

《中国城市建设统计年鉴》中成渝城市群的城市人口规模等级划分(表 9-1),将研究区内各个区县划分为 5 个等级,并依次赋予 1.1～1.5 的行政等级修正系数 p 对各区域城市质量进行修正。

表 9-1　研究区内各城市等级划分

城市等级	城区常驻人口数量/人	行政区划	行政区修正系数
超大城市	＞300 万	核心区	1.5
特大城市	100 万～300 万	渝北区	1.4
大城市	50 万～100 万	江津区	1.3
		涪陵区	1.3
		北碚区	1.3
中等城市	20 万～50 万	合川区	1.2
		永川区	1.2
		巴南区	1.2
		綦江区	1.2
		长寿区	1.2
小城市	10 万～20 万	璧山区	1.1
		铜梁区	1.1
		南川区	1.1

(3)对距离进行测算　利用变异系数法,对时间和空间距离分别赋予权重算出综合距离。测算模型如公式(9-1)所示。

$$D = d_i \times \varphi_i + d_j \times \varphi_j \tag{9-1}$$

其中:D 为城市 A 与城市 B 之间的综合距离,d_i 和 d_j 分别表示实地距离和时间距离。φ_i 和 φ_j 分别为实地距离和时间距离相对应的权重值。查阅《重庆市道路运营公路里程图册》可得到两地之间居民出行常用交通方式下的空间距离和所需时间,如表 9-2 所示。

综上所述,引力模型可构建为:

$$F_{ab} = G\frac{M_a M_b}{D^C}p \tag{9-2}$$

其中:F_{ab} 代表城市 A 与城市 B 之间的引力大小,为研究城市的质量大小,D 为两个城市之间的综合距离。G 为引力系数或无量纲化常数,为方便研究一般取 1。C 为距离摩擦系数,一般取值为 2。

表 9-2 各区至核心区的综合距离计算表

区域	距离/km	时间/min	距离标准值	时间标准值	综合距离	综合排名
巴南区	23.80	54.00	0.23	0.57	0.37	2
长寿区	76.10	68.00	0.74	0.72	0.73	7
涪陵区	102.50	93.00	1.00	0.99	0.99	12
江津区	58.10	75.00	0.56	0.80	0.66	5
北碚区	41.70	56.00	0.40	0.59	0.48	3
渝北区	23.30	32.00	0.22	0.33	0.27	1
合川区	69.70	81.00	0.68	0.86	0.76	8
永川区	100.00	82.00	0.98	0.87	0.93	11
南川区	89.00	94.00	0.87	1.00	0.92	10
璧山区	53.20	71.00	0.51	0.75	0.62	4
铜梁区	71.70	86.00	0.70	0.91	0.79	9
綦江区	70.5	71.00	0.68	0.75	0.71	6

(4)断裂点分析 当两城市在某一点的引力达到平衡时,该点即为引力平衡点或断裂点。假设城市 a、b 中心点连线有个点 M,M 距 a 城市的距离为 d_a,离 b 城市的距离为 d_b,M 为断裂点的条件是 a 城市和 b 城市对其的引力大小相等,根据引力模型公式可推得:

$$G\frac{M_a M}{D_a^2}=G\frac{M_b M}{D_b^2}$$

$$D_{ab}=D_a+D_b$$

解方程得:$D_a=\dfrac{D_{ab}}{1+\sqrt{\dfrac{M_b}{M_a}}}$ $D_b=\dfrac{D_{ab}}{1+\sqrt{\dfrac{M_a}{M_b}}}$

9.4 不同区域耕地利用状况分析

研究期内,耕地面积呈现波动减少趋势的区县除涪陵区距离主城区较远外,均分布在重庆市都市功能核心区周围(表 9-3),大多分布在重庆市划定的都市功能拓展区或城市发展新区。其中,巴南区是研究区内 10 年间耕地面积减少幅度最大的区域,耕地动态度为−25.74%。根据《重庆市"十一五"农业发展规划》的要求,都市功能拓展区以及城市发展新区主要以现代农业和休闲特色效益农业为主,城区扩张占用耕地以及农业结构调整等原因使得耕地面积在近 10 年有较大幅度的减少。

此外，中央财政持续加大产粮大县奖励力度，稳步提高粮食主产区财力水平，这些产粮大县享受中央财政的奖励资金补贴，更加促进这些地区的耕地保护意识，其耕地面积一直稳步提升。例如，南川区在研究期内的耕地面积增加幅度最大，耕地动态度为2.97%。而长寿区、綦江区等先减后增型的四个区域位于重庆市生态涵养发展区，耕地保护与生态修复等任务要同步进行，退耕还林等政策的实施使得这些区域的耕地数量有所波动，耕地动态变化一直处于较活跃状态。

表 9-3　2005—2015 年重庆市主城区经济圈内耕地面积变化情况

耕地利用变化趋势	区域	2005 年耕地面积/hm^2	2010 年耕地面积/hm^2	2016 年耕地面积/hm^2
波动减少型	巴南区	77 679.72	58 987.28	57 681.81
	北碚区	26 624.86	24 478.58	21 783.47
	涪陵区	119 170.24	103 115.51	103 226.91
	渝北区	48 099.97	46 666.30	41 919.22
	核心区	29 857.00	30 716.54	23 778.51
持续增加型	南川区	57 939.73	70 079.43	70 667.64
	永川区	65 698.53	67 674.77	67 527.93
	江津区	112 131.67	114 967.55	114 019.79
	合川区	120 120.99	120 775.45	120 343.15
先减后增型	长寿区	58 125.07	56 983.33	56 607.24
	璧山区	41 283.67	43 068.67	43 573.3
	綦江区	81 682.64	91 986.44	92 734.72
	铜梁区	62 027.49	66 298.61	67 135.33

从图 9-2 中可以看出，这 17 个区县的耕地动态度变化大致在 2010 年达到最强烈的变化值，之后远离市中心的部分区域耕地利用变化趋势逐渐变稳定，而离经济圈核心较近的区域仍然处于耕地利用变化较活跃区域。从图 9-2 中反映的动态度变化趋势也能看出，重庆市一小时经济圈内的区县耕地面积变化情况与其地理区划位置有一定的联系，其变化幅度围绕核心区向周边地区逐渐递减。从图 9-2 中可以看出，与同期邻近区域相比较，处于三峡库区的这些区县处于整个研究区耕地利用变化幅度最大的核心范围中，说明耕地利用变化受三峡工程的胁迫作用，且因库区蓄水导致的耕地减少在不同区域中作用强度具有一定的差异性。

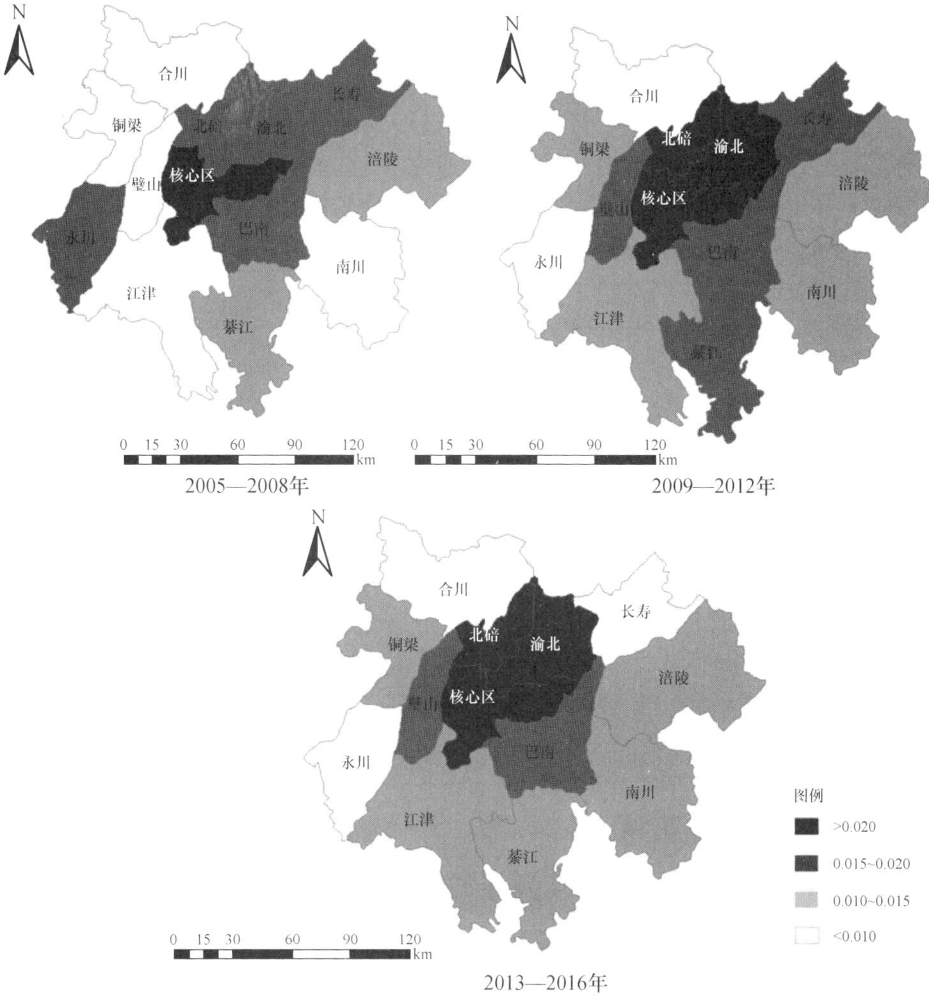

图 9-2 2005—2015 年不同时段重庆市主城区经济圈内耕地年均变化值

9.5 不同城区间引力大小分析

9.5.1 各个城区引力大小增减分析

通过对这 13 个城区之间的引力测算，可以从引力值大小以及变化趋势中看出重庆市一小时经济圈现阶段的经济联系特征以及部分未来发展趋势。从表 9-4 的城市质量来看，一小时经济圈内城市群多呈现“多弱少强”的格局。核心区的质量远远高于周围其他区县，侧面反映了核心区作为“龙头城市”在此经济圈中起到了引领发展的作用。核心区对周围城市的引力远远大于其他城市彼此间的引力，各区县的经济发展比较依赖核心区，而彼此间经济发展形成的空间引力作用较微弱，整个城市圈内相互联系不够密切。随着时间的推移，核心区对周边区域的引力值也在逐年递增，这也表明以核心区为中心城市带动周围其他城市发展的格局逐渐产生，区域间的空间作用力由内向外逐渐延伸并逐渐减弱。

表 9-4　各城区质量与引力值计算表

城区	行政等级修正系数	与核心区的综合距离	2005 年		2010 年		2015 年	
			城市质量	与核心区引力大小	城市质量	与核心区引力大小	城市质量	与核心区引力大小
核心区	1.500		1.364		1.227		1.246	
巴南区	1.200	0.374	0.163	1.580	0.199	1.741	0.211	1.879
长寿区	1.300	0.731	0.120	0.306	0.177	0.405	0.197	0.459
涪陵区	1.200	0.995	0.253	0.348	0.335	0.415	0.364	0.458
江津区	1.300	0.664	0.364	1.126	0.412	1.149	0.416	1.176
北碚区	1.300	0.484	0.060	0.353	0.099	0.522	0.113	0.604
渝北区	1.400	0.269	0.233	4.398	0.379	6.422	0.420	7.235
合川区	1.200	0.756	0.227	0.542	0.283	0.606	0.292	0.636
永川区	1.200	0.930	0.198	0.313	0.246	0.348	0.272	0.392
南川区	1.100	0.925	0.089	0.141	0.131	0.188	0.116	0.169
璧山区	1.100	0.618	0.053	0.190	0.051	0.163	0.113	0.369
铜梁区	1.100	0.791	0.010	0.217	0.100	0.196	0.144	0.286
綦江区	1.200	0.714	0.110	0.297	0.138	0.331	0.152	0.370

9.5.2　断裂点分析

断裂点的引入可以在引力模型中分析出空间相互作用的范围，如图 9-3 所示。从时间变化上来看，一小时经济圈内的各区县在三个年份的断裂点位置变化总体较小但大多呈现递减趋势，因此核心区的辐射圈范围整体变化趋势是扩张的。具体来说，研究区内仅南川区的断裂点距离呈现先减后增的趋势，大部分区域的断裂点距离都呈现减少并趋于平缓的状态，这说明各区域对核心区发展的依赖性逐渐提高，区域间的联系经历了一段提升后逐渐趋于稳定。从整体变化趋势来看，近 10 年重庆市核心区对周边经济发展的影响逐渐拓宽辐射圈，城市间紧密联系合作，共同促进发展也是快速城镇化的必然结果。

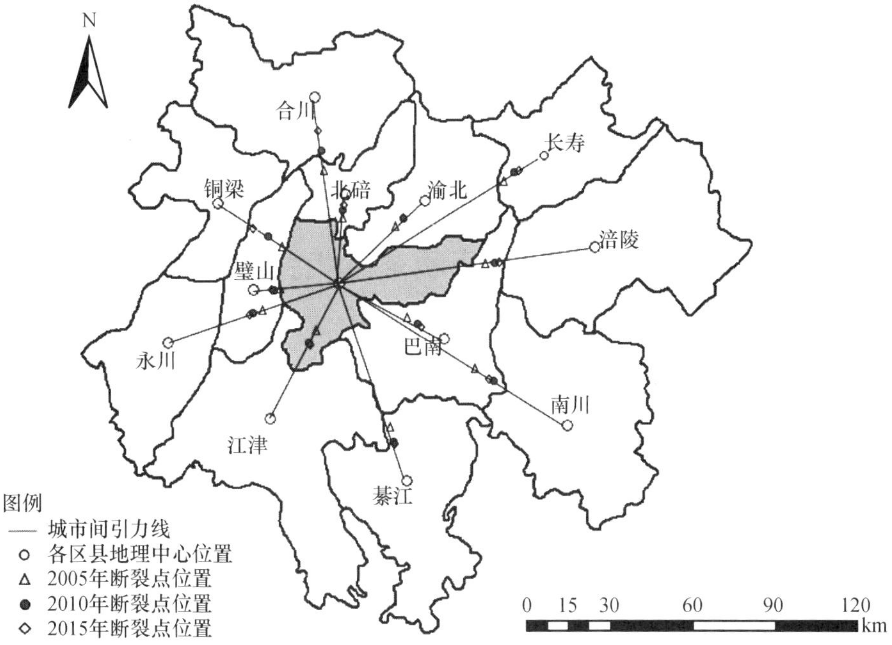

图 9-3 3 个时间段断裂点位置示意图

根据各个区县与核心区的引力值大小与引力断裂点的位置关系做综合分析(表 9-5)，将 12 个区划分为强引力区、次强引力区与弱引力区。结合本章已有的研究结果可知，与核心区引力关系较强的地区耕地动态度变化均较强烈。由于核心城市对周围城市经济发展影响较大，这部分区域的耕地受经济建设、城市扩张占用等影响较多，例如巴南区、渝北区等，近 10 年间一直处于波动减少趋势，且变化幅度在研究区中处于最高区域。而受核心区影响较小的弱引力区地区，耕地利用变化趋势较为平缓，且大部分区域重点发展农业，多为产粮大县，耕地面积呈现持续增加的趋势。这也侧面说明了该城市圈耕地保护任务逐渐向受核心区经济发展影响较小的弱引力区倾斜，优先保障受核心区引力影响地区的经济建设发展任务，使得强引力区耕地减小幅度较大。这样既能保证城市圈内耕地面积总量不减少，又能使得该地区经济建设得到充分发展。

表 9-5 引力大小综合分区

引力程度	断裂点近	断裂点远
引力大	强引力区 (渝北、巴南、合川)	次强引力区 (江津、长寿、涪陵)
引力小	次强引力区 (北碚、璧山、綦江)	弱引力区 (南川、铜梁、永川)

9.5.3 引力变化与耕地面积增减相关关系

根据前面分析,将研究区域划分为大致两种范围,一种是断裂点落在本区划的行政范围内,一种是断裂点落在行政范围之外,即根据引力的影响范围划分两个区域。对不同区域内引力大小变化关系与历年耕地面积变化趋势做 spearman 相关性分析,如表 9-6 所示。从表中可以看出,引力作用范围内 83.33%的城市引力变化值与耕地面积变化表现出显著相关,而断裂点在行政范围外仅有 33.33%的城市引力值与耕地面积具有相关关系。可以得出,引力作用范围落在该区自身行政区划内的区域引力值与耕地面积变化更有相关性,而区域所受引力越大,越易表现出与这种相关关系。具体来说,大致分为两种相关性。其中强引力区内区域耕地面积与引力值表现了较强的负相关性,次强引力区中大多表现出较强的正相关性,而弱引力区的区域耕地面积与引力值的相关性较弱。

表 9-6 耕地面积与引力值相关性分析

范围	引力区	城区	相关系数	Sig 值(双侧检验)
断裂点在行政范围外	弱引力区	南川区	0.427	0.190
		铜梁区	0.564	0.079
		永川区	0.857*	0.014
		江津区	0.586*	0.043
		长寿区	0.522	0.098
	次强引力区	涪陵区	0.607	0.108
		北碚区	−0.829*	0.042
		璧山区	0.786*	0.036
断裂点在行政范围内	强引力区	綦江区	0.791**	0.004
		渝北区	−0.600	0.108
		巴南区	−0.786*	0.036
		合川区	−0.886*	0.019

* 在置信度(双侧)为 0.05 时,相关性是显著的。

9.6 耕地利用变化特征及驱动力对比分析

在耕地利用变化及驱动因素分析中，已有许多文献对此展开了深入研究与探讨。在众多模型方法中，引力模型更能表征其组团发展的城市群间经济联系的空间结构，突出区域相互作用下耕地资源的时序变化特征和空间格局变化，结合时间和空间尺度考虑区域经济作用力对耕地利用变化的综合影响，揭示社会经济联系密切的城市圈中，城市经济地位、区划位置及经济发展对耕地利用变化的作用力。尽管本章与其他学者的研究数据及研究方法上存在差异，但本章的研究结论与诸多学者所提观点基本吻合(表 9-7)，从某些方面证实了本章研究结论的可信性。

表 9-7　与已有研究成果对比

序号	已有研究结果	本章研究结果
(1)	吴兆娟等(2011)认为 2007—2008 年三峡工程蓄水致使耕地数量出现明显减少，印证工程建设会引起耕地数量变化	研究区中隶属三峡库区范围内的区域耕地面积均在库区第二次蓄水过程中(2006—2010 年)出现不同幅度的减少，且耕地面积变化幅度远远高于同期其他临近区域，说明三峡工程对库区耕地面积具有一定的胁迫作用，且不同区域作用强度具有差异性
(2)	曹银贵等(2006)认为三峡库区耕地利用变化与城市化发展及退耕政策休戚相关	三峡库区重庆段中处于生态涵养发展区的区县耕地保护与生态修复、退耕还林等任务同步进行，位于城市发展新区的区县耕地利用变化主要受城区扩张、农业结构调整等影响
(3)	鲁春阳等(2008)认为重庆市都市区的经济发展与都市圈耕地利用变化具有一定的相关性	由多种社会经济发展因素衡量的引力值分区可看出，都市圈中不同强度引力区中的耕地面积与社会经济发展综合指标的相关性是不同的，且有正有负
(4)	王磊等(2008)认为京津冀都市圈耕地利用变化幅度从市中心向外先增加后降低，城市等级不同，耕地利用变化空间差别相当明显	研究区中 17 个区县耕地利用变化与地理区划位置有一定联系，变化幅度围绕核心区向周边地区逐渐递减，随时间推移远离市中心的部分区域耕地利用变化趋势逐渐稳定，离经济圈核心较近的区域耕地利用变化仍较活跃
(5)	钱春蕾等(2015)认为经济复合型城市群间经济联系量较大，不同城市经济发展与城市群中核心城市存在一定的依赖	成渝经济圈中重庆段城市群呈现“多弱少强”的发展格局，以核心区为中心城市带动周边城市发展格局逐渐产生，区域空间作用力由内向外逐渐延伸并逐渐减弱

续表 9-7

序号	已有研究结果	本章研究结果
(6)	蒋奕廷等(2017)认为成渝城市群中内部存在发展不平衡现象	核心区作为“龙头城市”对周围城市的引力远远大于其他城市彼此间的引力，整个城市圈内相互联系不够密切，城镇化及经济发展的不均衡导致城市内部经济联系形成的空间引力作用具有较大差异
(7)	侯圣银等(2017)京津冀地区非中心城市受北京市的引力作用大小在逐年提升，城市群中区域经济联系相互作用力逐渐增大	城市在发展过程中受到区域中心城市引力影响，近10年重庆市核心区对周边经济发展的影响辐射圈逐渐拓宽，大部分区县与核心区引力断裂点距离逐渐缩小并趋于平缓状态
(8)	徐昌瑜等(2013)与中心城市引力值较大的区域，新增建设用地占用耕地与引力变化的耦合度较高	引力作用范围内83.33%的城市引力变化值与耕地面积变化表现出显著相关，其中强引力区表现为负相关，次强引力区表现为正相关，弱引力区中相关性较弱

9.7 耕地利用管理对策

城镇化快速发展对各城市群组成的经济圈内耕地保护造成了一定的压力。在区域经济发展联系密切的城市群中，政府部门在制定耕地保护相关政策时，应当建立区域内补充耕地指标调剂平台，从宏观层面对区域耕地总量平衡进行管控，将耕地保护重点转移至区域视角下的耕地数量质量双到位，因地制宜统筹指标调剂。而指标的分配，一般要考虑当地经济发展需要、生态保护需要、粮食生产需要及区域资源优势等几个主要方面。应充分考虑各个城市的主体功能区划，对经济联系密切的城市圈中不同城市进行功能定位，既要保证耕地数量、质量和生态的多方位管控，又要促进城市圈中社会经济的稳定发展，推进经济增长模式和增长速度向合理方向发展。本章将研究区中的城市圈分为三个部分：经计算，强引力区中，区县应当优先发展经济；次强引力区中，断裂点以内区域重点发展经济，断裂点以外区域重点发展特色农业；弱引力区优先发展农业，承担城市圈内耕地保护的重要部分。

9.8 小结

本章通过引入引力模型，测算出重庆市一小时经济圈内不同城市间经济联系的密切程度，并据此对区域进行划片分析，提出城市组团发展方案建议，并对不同分区的耕地利用变化过程与引力值大小变化进行相关性分析，可以得出以下结论：

①研究期内，重庆市一小时经济圈内的各个区县耕地利用变化趋势大致可分为波动减少型、先减后增型以及持续增加型。耕地动态变化较大的区域均分布在重庆市都市功能核心区周围，且耕地动态变化较强的区域范围，随时间的推移由核心区逐渐向周围放射状地拓宽，而变化幅度随之减小。其中耕地面积减少最多的是巴南区，增加最多的是南川区。

②从城市质量来看，核心区的质量远远高于周围其他区县，研究期内多数城市质量随时间推移而逐渐增加，大部分城市与核心区之间的经济发展联系日趋密切，但经济圈内城市间相互联系不够，城镇化发展与区域间经济联系的不均衡较为显著。此结论与《成渝经济区区域规划 2011—2020》中强调推动重点地区发展的表述，及对重庆市部分区域的经济发展与城市定位的判断相一致。

研究区内，与核心区引力关系较强的地区耕地动态度变化均较强烈，这部分区域的耕地受经济建设、城市扩张占用等影响较多，而受核心区影响较小的弱引力区地区，耕地利用变化趋势较为平缓，大部分区域重点发展农业。耕地利用状况和核心区影响范围有着较强联系。

③根据引力断裂点分析可知，核心区的辐射圈在 10 年研究期中整体变化趋势是扩张的，也证明了各区域社会经济发展对核心区的依赖性逐渐提高。引力断裂点落在自身行政区划内的区域引力值与其耕地面积变化更具有相关性，且区域所受引力越大，相关性越易表现出。其中，强引力区的耕地面积与引力值基本表现出较强的负相关性，引力增加的同时耕地面积表现出较为消极的减少变化，而次强引力区中大部分区域表现出较强的正相关性，随着引力值的增加，核心区与区域间的经济联系量提升，耕地面积随之增加。而弱引力区的耕地面积变化与引力值的相关性不大。

10 重庆市长寿区耕地利用变化与管理对策研究

10.1 引言

在全球生态、资源和环境变化问题日趋突出的背景下，土地利用研究逐渐成为全球变化研究的核心领域，而关乎人类生存大计的耕地资源的变化分析更成为土地利用研究的前沿和热点（刘彦随等，2009）。故如何定量分析耕地利用变化并界定引起变化的驱动因子，对于保护全国耕地资源的数量与质量，协调经济建设与保护耕地同步进行，保障国家粮食安全等具有重要意义。

国内学者对耕地利用变化的研究已取得丰硕的成果，纵观已有的研究成果发现，建立模型对耕地利用变化与驱动机制进行定量研究和动态模拟，已成为耕地利用变化相关研究的发展趋势（许婧雪和曹银贵，2016）。目前对耕地利用动态变化进行定量分析的方法主要有指数法（陈朝和吕昌河，2010）、多元线性回归（曹银贵等，2010）、马尔科夫链（何宝忠等，2014）、BP 神经网络（曹银贵等，2007）和元胞自动机（柯新利等，2010）等，虽然在一定程度上能够反映出某些社会经济指标与耕地利用变化的相关性，但这些模型大多无法对耕地利用系统内与耕地具有非线性关系的自然因素和社会因素进行综合分析，部分组合模型虽然为解决非线性问题提供新的研究思路，但因组合模型具有基于风险最小原则的缺陷（张豪等，2009），使得分析过程缺少科学严谨的计量方法，分析结果易趋向局部最优。而系统动力学模型强调对复杂系统整体性和对子系统间相互作用的非线性关系进行研究（秦钟等，2009），利用系统间因素的反馈关系建立仿真模型对耕地利用动态变化进行模拟，并对不同社会经济发展情景下的耕地利用变化过程及演变进行合理预测，为优化耕地利用变化的研究方法提供新方向（廖姣，2010）。除此之外，目前耕地利用变化研究尺度以大、中尺度的宏观研究为主（于天等，2016），对具有推广意义的重大工程区内典型快速城镇化地区的小尺度微观研究较少。而三峡库区是一个具有特殊生态功能和社会问题的自然—经济综合区域（吴兆娟等，2011；Cao 等，2013；张磊等，2011），对库区内具有典型耕地利用变化特征的区域进行研究，可为协调三峡库区日趋紧张的人地矛盾提供理论支撑，为相关重大工程区内耕地资源的合理利用与保护提供借鉴(Cao 等，2011；程建等，2017)。

10.2 研究区概况与数据来源

10.2.1 研究区概况

本章选择三峡库区(重庆段)中城市化与工业化水平最高之一的长寿区为研究对象。长寿区位于重庆市主城区东北方向。根据长寿区 2016 年统计年鉴可知，长寿区 2016 年地区生产总值为 454 亿元，区内常住人口为 82.57 万人，城镇化率高达 63.32%，比全市平均水平高出 0.72%，近 10 年间城镇化率提高近 20%，是重庆市内典型的快速城镇化地区(顾朝林，2005)。

10.2.2 数据来源

本章选取重庆市长寿区的社会经济发展资料包括：①1990—2015 年长寿区内年末总人口、耕地面积、农作物播种面积等数据；②2005—2015 年长寿区 GDP、建设用地面积、生态用地面积、农业总产值等数据；③依据 1990—2015 年长寿区总人口、城镇人口、耕地面积等计算得到城镇化率、人均耕地面积、耕地利用动态度、耕地非农化面积等数据。数据来源于《1991—1997 年四川省统计年鉴》《1998—2016 年重庆市统计年鉴》《2011 年长寿区统计年鉴》和《2012—2016 年重庆市长寿区国民经济和社会发展统计公报》。

10.3 长寿区耕地利用动态变化

由表 10-1 中数据可看出，1990—2015 年长寿区耕地面积总体呈现下降趋势，25 年间共减少 9 535 hm^2，而农作物播种面积却经历先降后升的波动变化。具体来说，根据长寿区 1990—2015 年耕地利用变化的速率，可以将长寿区耕地动态变化过程分为四个阶段：

(1)1990—2000 年　耕地面积共减少 1 680 hm^2，耕地年均变化率为－0.35%，此时耕地处于缓慢减少期。通过成立国土资源部，修订《中华人民共和国土地管理法》等对乱占滥用耕地现象进行严格控制后，耕地资源非农化现象在此期间逐渐趋缓(林晓雪，2014)。

表 10-1　1990—2015 年长寿区耕地相关变化特征

年份	常用耕地面积/hm^2	所占土地总面积比重/%	农作物播种面积/hm^2	耕地利用动态度/%
1990	47 480	33.35	91 136	
1995	46 981	33.00	85 546	−0.21
2000	45 800	32.17	86 450	−0.50
2005	36 794	25.85	91 836	−3.93
2010	36 672	25.76	85 726	−0.07
2015	37 945	26.65	86 497	0.49

(2)2001—2005 年　4 年时间长寿区共减少 8 649 hm^2 的耕地，耕地年均变化率高达−3.93%，此时耕地处于迅速减少期。由于三峡库区在此期间全面实施退耕还林工程，库区内移民迁建占用大量耕地和库区第一次蓄水等导致耕地迅速减少。

(3)2006—2010 年　耕地面积处于波动增长期，一方面由于第二次全国土地调查中方法、技术水平等精确度的提高，使得耕地面积统计数据较往年有所提升(谭永忠等，2017)。另一方面，非农业人口比例逐渐增高，农业活动从事人员的不足可能导致耕地利用效率不高，进而使得农作物播种面积较前些年有所下降。

(4)2011—2015 年　耕地处于缓慢增长并趋于平稳期。随着长寿区城市化进程逐步加快，农村人口非农化现象逐渐增多，致使部分人口迁移至城中核心地区或城市新兴发展区域，土地集约节约利用水平逐渐上升(曹银贵等，2007)。加之长寿区加大对建设占用耕地的管控力度和土地开发、灾毁耕地的整理复垦等工作强度，在一定程度上使得人地矛盾和耕地保护压力得到缓解。

10.4　耕地利用变化驱动分析

根据数据的可获得性原则和已有的耕地利用变化相关研究成果(韩德官等，2014)，初步选取 19 个与耕地相关的社会经济指标，运用灰色关联度模型在 DPS 平台下进行关联度计算并根据这些社会经济指标与耕地的关联度进行排序，选取前 10 个指标对其运用主成分分析法进行驱动力相关分析，分别为：Y—耕地面积、X_1—年末总人口、X_2—城镇化率、X_3—农业总产值/林、牧、渔业总产值、X_4—工业总产值、X_5—第一产业总值、X_6—第三产业总值、X_7—农用化肥施用量、X_8—乡村从业人员、X_9—粮食产量、X_{10}—公路里程。将 1990—2015 年各相关指标数据在 SPSS 环境下进行主成分分析(吴美琼和陈秀贵,2014)得出主成分转置载荷矩阵如表 10-2 所示。

表 10-2 主成分转置载荷矩阵

驱动因子	第一成分 F_1	第二成分 F_2	第三成分 F_3
X_1	0.870	−0.395	0.222
X_2	0.890	−0.567	0.199
X_3	0.919	0.275	0.272
X_4	0.950	0.113	0.208
X_5	0.919	0.274	0.268
X_6	0.932	0.233	0.199
X_7	0.232	0.060	0.516
X_8	−0.616	−0.641	−0.181
X_9	0.059	−0.083	0.955
X_{10}	0.846	−0.452	−0.166

从耕地面积与各主成分指标关系的载荷矩阵表中分析可得出:

①X_4、X_6、X_3 和 X_5 的第一主成分载荷均在 0.90 以上,而这几个指标均与社会经济发展有较大关系,可将第一主成分解释为社会经济发展的代表。1990—2015 年,长寿区社会经济发展呈迅速增长态势,尤其是 2005—2015 年,长寿区地区生产总值由 87.02 亿元增加至 430.12 亿元,增幅近 400%。经济快速增长、建设用地扩张等使得土地利用格局变化逐渐加快,导致耕地资源迅速减少。

②X_2、X_1、X_8、X_{10} 公路里程在第二主成分上有较大的负值载荷,这四个指标与人口和城市发展有密切联系,所以可将第二主成分归纳为人口与城市发展的代表。仅在 2005—2015 年,长寿区非农业人口就由 18.74 万人升至 32.14 万人,增幅高达 71.51%,非农业人口的快速增长在一定程度上使得住房、消费、公共服务等需求随之增加,加之道路交通的用地需求对土地,尤其是耕地保护的压力不断上升,土地利用格局也产生相应变化,使得城区不可避免地占地外扩。

③X_9 粮食产量、X_7 农用化肥施用量在第三主成分上有比较大的正值载荷,因其指标与农业结构调整及农业科技进步等有密切联系,因此将第三公因子认为是农业结构调整与科技进步的代表。2005 年长寿区粮食作物播种面积为 75 777 hm^2,而 2015 年粮食作物播种面积下降至 69 533.40 hm^2,同期农业总产值与林牧渔总产值之比也有所减少,在种植业比较利益降低的背景下,农业结构由种植业逐渐向市场收益较高的林业、渔业等倾斜。此外,产业结构调整促使长寿区第二、三产业比

重逐渐上升，导致乡村从业人员从事农业活动的成本也日益增长（许丽丽等，2015）。根据土地报酬递减律来看（侯现慧等，2017），当机会成本逐渐增加导致原有的资本或劳动投入已超过一定的界限，不再是获得收益最大化的最佳投入水平时，农民就可能选择减少对土地的时间投入，部分农业人口会选择到城市中务工，以提高自身收入水平，这也在一定程度上使得耕地撂荒现象逐年增加。

10.5 耕地利用变化仿真模拟

10.5.1 因果关系分析

依据耕地利用变化驱动力分析结果，运用 vensim 软件对相关驱动因子建立系统动力学因果关系流图（图 10-1），并据此构建耕地利用变化仿真系统并对其中状态变量进行多次模拟以确定其变量方程及参数，研究核心变量间的动态关系作用。

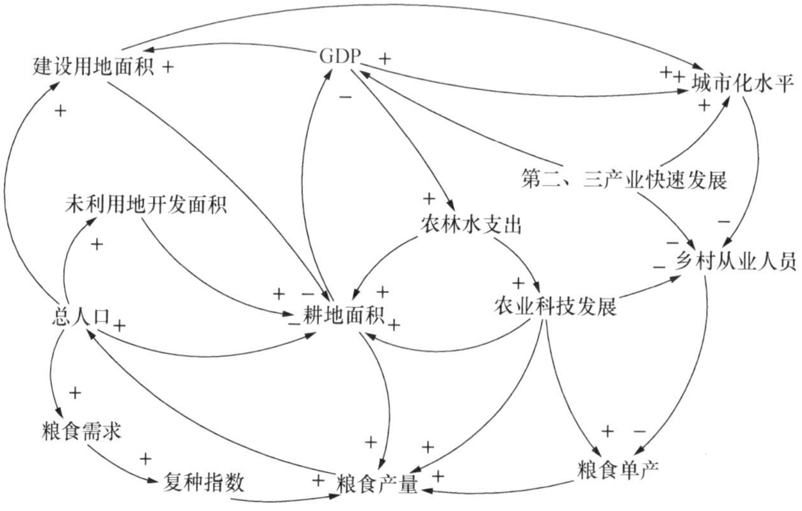

图 10-1 耕地利用变化驱动因子因果关系图

10.5.2 模型构建分析

区域耕地利用变化往往是由多种因素共同作用的结果，根据对长寿区耕地利用变化驱动因素的初步分析，以系统动力学模型为基础，将社会经济发展、人口与城市发展以及农业结构调整与科技进步等作为主要驱动因子进行分析研究。根据耕地利用变化驱动因子因果关系流图，本章将长寿区耕地利用变化系统分为以下六个子系统：耕地子系统、人口子系统、建设用地子系统、生态用地子系统、经济子系统和粮食子系统(图 10-2)。这六个子系统分别以耕地面积、总人口、建设用地面积、生态用地面积、GDP、复种指数和人均消费粮食为状态变量，部分变量方程如下所示：

(01)FINAL TIME＝2015

Units：Year

The final time for the simulation.

(02)INITIAL TIME＝2005

Units：Year

The initial time for the simulation.

(03)SAVEPER＝TIME STEP

Units：Year [0,?]

The frequency with which output is stored.

(04)TIME STEP＝1

Units：Year[0,?]

The time step for the simulation.

(05)GDP＝INTEG(GDP 增长,870 234)

Units：万元

(06)生态用地面积＝INTEG(新增生态用地,5 303)

Units：hm^2

(07)建设用地面积＝INTEG(建设用地增加速率 20 585)

Units：hm^2

(08)粮地面积＝播种面积/复种指数×粮地比重

Units：hm^2

(09)耕地面积＝INTEG(耕地增加－耕地减少,63 674)

Units：hm^2

(10)耕地需求＝粮食需求/粮食单产/复种指数/粮地比重

Units：hm^2

本模型时间界限为 2005—2025 年，时间步长与数据输出间隔均取一年，将 2005 年数据设为模型初始值，自 2015 年起为情景仿真起始年。以长寿区整个行政区域作为空间界限，将对耕地利用变化影响较大的自然、经济、社会等诸多因素

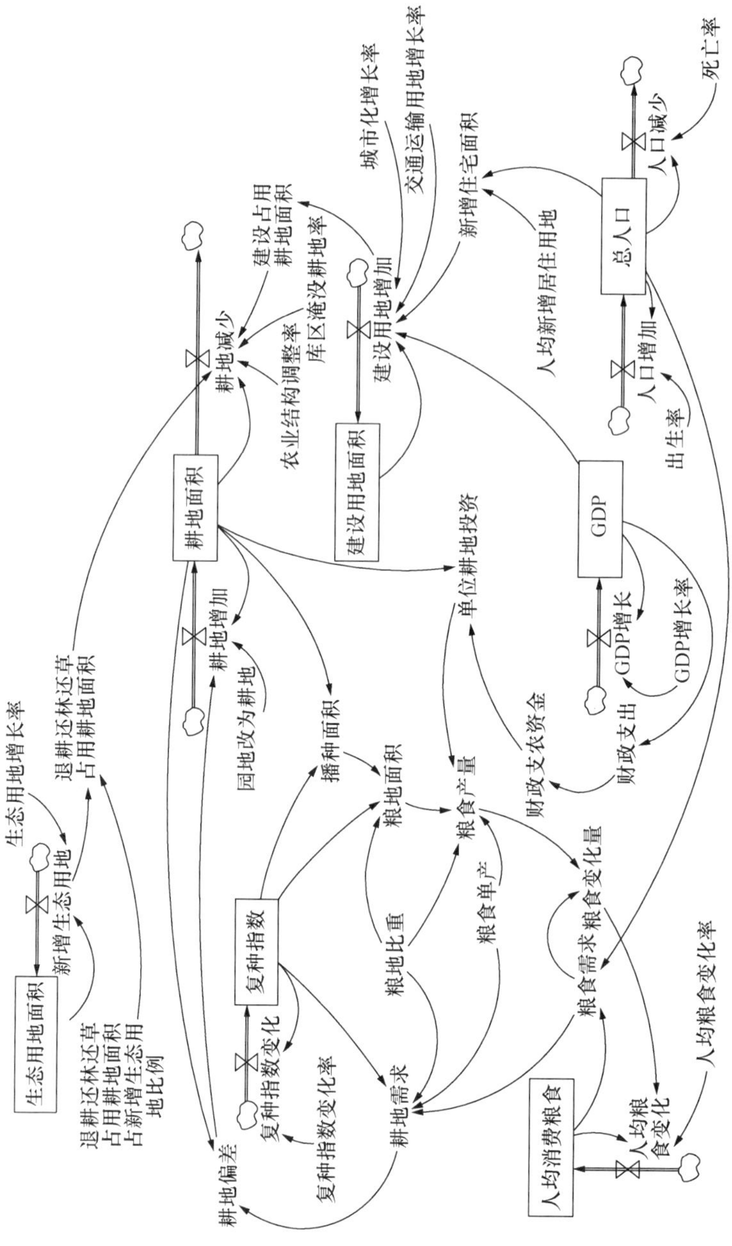

图10-2 耕地利用变化仿真系统流图

(如人口、GDP、建设用地、生态用地、粮食需求、农业生产技术等)划入系统边界内,关联比较小的因素划在系统边界外。

10.5.3 模型分析及有效性检验

建立SD模型后,运用长寿区各统计数据对模型进行数次模拟演练,通过对模型结构及参数值的调整,使得模型逐步提高现实有效性,进而使用模型对未来耕地利用变化进行预测。

(1)直观检验与运行检验 通过直观检验可看出,该模型中所定义的变量可以较为直观地反映耕地利用变化系统中的因果关系,而模型中的方程表达式、设定参数等较为合理。而运行检验进一步对模型的表达进行判断,通过运行结果的无异常现象等可以初步判断该模型具有相对合理性,可以较为有效地反应耕地利用变化系统的运行过程(谭术魁等,2012)。

(2)历史检验 通过对模型仿真行为进行历史拟合度的检验,将系统中主要状态变量的仿真值与长寿区历史统计资料进行差异对比,并根据模型模拟误差对部分变量进行反复修改,从而进一步提高该模型的有效性。本章选取耕地面积、人口总数、GDP3项指标作为主要状态变量进行2005—2015年份的历史检验,如表10-3所示,模拟结果表明:该系统模型相对误差率不超过5%,在误差允许范围内。除了2011年常用耕地面积的仿真值与实际统计数据的相对误差超过1%,其余年份常

表10-3 模型内主要状态变量的历史检验

年份	常用耕地面积/hm^2			人口总数/人			GDP/万元		
	历史值	模拟值	相对误差/%	历史值	模拟值	相对误差/%	历史值	模拟值	相对误差/%
2005	36 794	36 794.00	0.00	880 400	880 400	0.00	870 234	870 234	0.00
2006	36 857	36 846.21	−0.03	885 600	885 028	−0.06	1 000 518	1 000 770	0.03
2007	36 539	36 895.22	0.97	895 700	889 639	−0.68	1 252 640	1 230 950	−1.73
2008	36 590	36 940.74	0.95	898 700	894 274	−0.49	1 438 173	1 427 900	−0.71
2009	36 627	36 982.63	0.97	901 000	898 933	−0.23	1 763 812	1 727 760	−2.04
2010	36 672	37 020.59	0.95	902 100	903 617	0.17	2 286 417	2 297 920	0.50
2011	36 565	37 024.71	1.26	906 500	908 325	0.20	3 176 949	3 217 080	1.26
2012	37 001	37 084.47	0.23	906 300	913 057	0.75	3 364 092	3 377 940	0.41
2013	37 472	37 109.88	−0.97	906 700	917 814	1.23	3 740 808	3 715 730	−0.67
2014	37 763	37 230.52	−0.83	904 300	922 596	2.02	4 204 068	4 087 300	−2.78
2015	37 945	37 376.23	−0.97	901 700	909 115	0.82	4 301 168	4 396 030	2.21

用耕地面积的相对误差均在1%以内，其余状态变量的误差也都在允许范围内，说明这个模型的模拟结果比较可靠，可以通过调节部分参数来对未来长寿区耕地利用进行模拟预测。

10.5.4 不同情景预测

在对长寿区耕地利用变化进行模拟预测前，首先应当对未来长寿区的发展进行不同的情景假设。2015年10月起，中国全面实施二胎政策，此举对于正处快速城镇化发展阶段的长寿区人口出生率来说，在一定程度上会有促进作用，可能导致2015年之后的人口净增长率由负增长过渡为缓慢增长。然而从另一方面来看，长寿区2013—2015年人口外迁情况较为普遍，这是由于随着人民物质生活水平的提高，对发展机遇、消费需求和教育资源等的追求也在不断提高，而长寿区距离主城区约有50多千米，随着城镇化的快速发展区内各方面基础设施无法做到与城市发展完全配套，部分人口选择外迁至重庆市主城区内(韩德官等，2014)，因此可以将长寿区未来人口发展分为两种模式。另外，根据《重庆市国民经济和社会发展第十三个五年规划纲要》中所提出的经济发展目标，未来长寿区的经济要保持中高速增长，但发展经济的同时也要注意保护生态环境，推动绿色经济的循环发展，这就使得长寿区未来GDP发展也可假设为两种不同的模式。除此之外，由于长寿区是典型的快速城镇化地区，近两年城镇化率逐渐攀升，发展态势较好，但城镇化率的发展几乎都会经历缓速增长—快速增长—平稳发展的过程(康蕾等，2017)，而在预测长寿区未来十年内的城镇化率中就又有两种不同的可能性。基于此，本章对不同参数类型进行发展模式的假设，并组合为8种方案对长寿区2016—2025年的耕地利用过程进行模拟预测，如表10-4和表10-5所示。

表10-4 不同发展模式下的状态参数分类

参数类型	发展模式	参数说明
人口	人口缓慢增长	人口净增长率保持2005—2012年的0.003 7
	人口缓慢减少	人口净增长率保持2013—2015年的−0.002 6
GDP	GDP快速发展	GDP增长率保持2005—2010年的0.24
	GDP缓速发展	GDP增长率保持2011—2015年的0.11
城市发展	城市建设用地迅速扩张	城镇化增长率保持2005—2012年的0.038
	城市建设用地缓速扩张	城镇化增长率保持2013—2015年的0.027

表 10-5 不同发展类型下的假设方案

方案	人口	GDP	城市发展
方案 1	+	+	+
方案 2	+	+	−
方案 3	+	−	+
方案 4	−	+	+
方案 5	+	−	−
方案 6	−	+	−
方案 7	−	−	+
方案 8	−	−	−

注："+"代表各个参数类型发展模式的第一种，"−"代表各个参数类型发展模式的第二种。

通过对方案两两相比较可知，城镇化率对耕地面积的影响＞GDP 对耕地面积的影响＞人口增长对耕地面积的影响。方案 8 中的数据模拟均按照长寿区近两年社会经济发展模式设定(图 10-3)，人口、GDP 和城市发展均处于两种模式中较低的发展值，通过模型预测可知该方案中的耕地面积处于 8 种发展模式中最高值，到 2025 年长寿区常用耕地面积将达到 37 765 hm^2。而根据长寿区 2011—2015 年统计年鉴可知，区内临时性耕地在近几年内的平均值约为 16 000 hm^2，如果按照方案 8 的发展模式来看，距离完成长寿区 2006—2020 年土地利用总体规划所规定的耕地保有量指标 56 150 hm^2 相差不远。但这种发展模式相比其他较为消极，尤其是人口一直呈现负增长趋势不太合理，由于"二胎政策"等的实施使得未来一段时间内长寿区的人口不会一直出现负增长。2016 年重庆市颁布的"十三五"发展纲

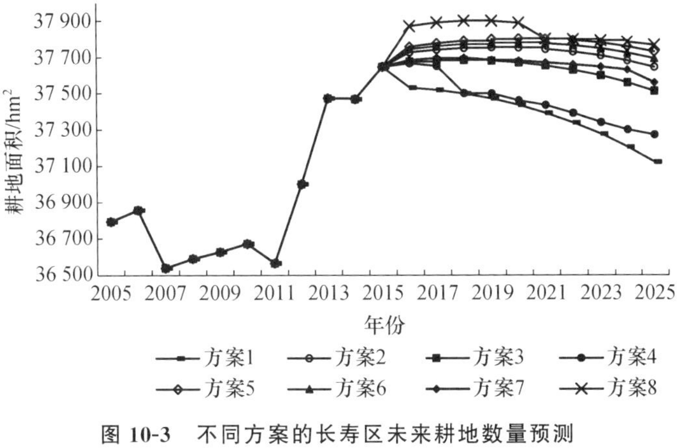

图 10-3 不同方案的长寿区未来耕地数量预测

要可能会在一定程度上刺激长寿区短时期内的GDP快速增长，而方案8中所假设的经济发展水平与长寿区实际发展需求不太相符。另外，该种模式下的耕地模拟值在2020年就表现出“后劲不足”，说明仅通过降低经济发展速度与城市建设速度不足以使得耕地面积能够稳定地出现缓速增长，耕地资源处于一个系统中，其变化趋势受到多种因素的影响，必须对各因素进行合理优化才能使得耕地面积有序增加。因此该种方案的发展模式虽然在耕地数量上来看较为合理，但从社会经济的长远发展来看还需要进一步的调整与完善。

而方案4与方案1中的发展模式明显不具备可持续发展性，经济发展与城镇化率的快速提高已超出目前长寿区耕地资源的承载力范围，方案1中2025年耕地面积降至37 123 hm^2，比2015年的初始值还要减少523 hm^2，而方案4中2025年耕地预测值为37 272 hm^2，比2015年的初始值减少373 hm^2，这两种模式对于资源的大量消耗会使得长寿区耕地面积与规划面积相差甚远。这说明，如果未来一段时间长寿区仍然保持人口、经济和城市化高速发展的步调，除非转变经济发展方式，减少经济建设等对土地的依赖性，否则耕地面积与规划面积相差甚远。

方案5与方案6的发展模式在未来一段时间内对于长寿区耕地面积总体呈现促进作用，城市发展速度放缓使得建设占耕等现象逐渐减少，经济发展方式的转变有利于促进土地利用结构的优化，GDP的缓速发展也与长寿区的绿色经济发展目标相一致。尤其是方案6中，假设GDP的增长率保持0.24，相较于近5年来说是比较高的发展水平，虽然经济发展依然保持良好增长态势，与重庆市“十三五”规划纲要相适应，但耕地面积没有因此而减少，在2025年的预测值达到37 691 hm^2，与方案8中的预测值仅相差74 hm^2，故方案6的发展模式最为理想。

10.6 耕地利用管理对策

本章对长寿区的耕地利用变化及驱动力影响作分析模拟，据此对该区未来耕地利用管理工作提出以下建议。根据系统动力学模拟结果可知保持GDP和城镇化率的缓速增长对于长寿区耕地资源的保护有明显的促进作用。但所有方案距离实现长寿区土地利用总体规划规定的耕地面积硬性指标仍有一定距离，最理想的发展模式方案6的常用耕地面积预测值也只有37 690.80 hm^2，但仍与规划值相差近300 hm^2，说明未来长寿区耕地保护任务仍然艰巨。因此，在长寿区现有粮食生产结构的背景下，如果不能通过科技手段以及政策管控等对复种指数和粮食单产等有所提高，未来区内经济发展、城市建设和人口增长均会对长寿区粮食安全带来巨大压力。

保护耕地面积的最终目的是为了保障粮食安全，在经济发展任务较重的背景下，粮食产量如果没有出现下降现象，耕地面积在短时期内出现数量上的波动并不一定完全是坏事。未来长寿区在保护耕地资源的基础上，更应该注重推进农业改革，提高粮食品种的优化，采用更先进的机械化生产方式提高粮食农作物生产量，通过改良耕地质量，提高地力。在坚持实行最严格的耕地保护政策基础上，采取有力措施对占用耕地现象进行严格监管，引导经济增长方式向低耗土地的发展方式转变，由粗放型用地模式向集约型转变，促进建设用地的集约利用，减少占用耕地现象，加大对农业科技的投入以缓解耕地减少对粮食安全保障所产生的压力。

10.7 小结

本章在对长寿区历年耕地利用变化规律和驱动因素进行数据分析的基础上，利用系统动力学 SD 模型对长寿区耕地利用变化过程进行模拟，并对未来 10 年的耕地面积进行预测，以期提高耕地模拟值的预测精度，在研究分析的过程中可以得到以下结论：

①长寿区 1990—2015 年间耕地面积数量上总体呈现下降趋势，农作物播种面积在 1995 年之后始终保持缓速增加态势，但从 2006 年《长寿区土地利用总体规划(2006—2020)》的颁布后，区内耕地面积开始出现波动增长，耕地利用变化也趋于平稳。

②通过对耕地利用变化驱动力的分析可知，长寿区耕地利用变化主要是与社会经济发展、人口与城市发展以及农业结构调整与科技进步关系最大。通过产业结构不断优化，城市布局设计趋于合理和农业科技进步等，使得长寿区土地利用效率得到提升，耕地面积逐渐稳步提升，粮食安全得到保障。

③通过引用系统动力学 SD 模型对未来长寿区耕地资源进行预测发现，长寿区未来发展模式必须要协调耕地资源与城市、经济的发展建设，不能按照之前高速发展的模式，以牺牲耕地资源为代价来发展经济、拓宽城市建设面积。根据模拟结果可知，保持 GDP 和城镇化率的缓速增长对于长寿区耕地资源的保护有明显的促进作用。但所有方案距离实现长寿区土地利用总体规划规定的耕地面积硬性指标仍有一定距离，最理想的发展模式方案 6 的常用耕地面积预测值也只有 37 690.80 hm^2，但仍与规划值相差近 300 hm^2，说明未来长寿区耕地保护任务仍然艰巨。

参考文献

[1]Bao J L,Gao S,Ge J X. Dynamic land use and its policy in response to environmental and social-economic changes in China:A case study of the Jiangsu coast(1750—2015)[J]. Land Use Policy,2019,82(05):169-180.

[2]Cao Y G,Bai Z K,Zhou W,et al. Forces Driving Changes in Cultivated Land and Management Countermeasures in the Three Gorges Reservoir Area, China[J]. Journal of Mountain Science,2013,10(1):149-162.

[3]Cao Y G,Bai Z K,Zhou W. A Gradient analysis of urban construction land expansion in the Chongqing Urban Area of China[J]. Journal of Urban Planning and Development,2015,141(1):05014009-1-05014009-10.

[4]Cao Y G,Zhou W,Wang J,et al. Comparative on regional cultivated land intensive use based on principal component analysis and analytic hierarchy process in Three Gorges Reservoir Area[J]. Transactions of the Chinese Society of Agricultural Engineering, 2010, 26(4): 291-296.

[5]Cao Y G,Zhou W,Wang J,et al. Spatial-temporal pattern and differences of land use changes in the Three Gorges Reservoir Area of China during 1975—2005[J]. Journal of Mountain Science,2011,8(4):551-563.

[6]Chang H S,Chen T L. Exploring spatial patterns of farmland transactions and farmland use changes[J]. Environmental Monitoring and Assessment,2015,187(9):596.

[7]Chen J F,Wei S Q,Chang K T,et al. A comparative case study of cultivated land changes in Fujian and Taiwan[J]. Land Use Policy,2007,24(2):386-395.

[8]Cheng L,Jiang P H,Chen W,et al. Farmland protection policies and rapid urbanization in China:A case study for Changzhou City[J]. Land Use Policy,2015,48(11):552-566.

[9]Cheng Q W,Jiang P H,Cai L Y,et al. Delineation of a permanent basic farmland protection area around a citycenter:Case study of Changzhou City,China[J]. Land Use Policy,2017,60(01):73-89.

[10]Delphin S,Escobedo F J,Elrahman A,et al. Urbanization as a land use change driver of forest ecosystem services[J]. Land Use Policy,2016,54(2),188-199.

[11]Deng X Z,Huang J K,Rozelle S,et al. Impact of urbanization on cultivated land changes in China[J]. Land Use Policy,2015,45:1-7.

[12]Ge Q S,Dai J H. Farming and forestry land use changes in China and their driving forces

from 1900 to 1980[J]. Science in China(Series D:Earth Sciences),2005,48(10):181-191.

[13]Gutman G,Janoras A C,Justice C O,et al. Land change science:observing,monitoring and understanding trajectones of change on the Earth's Surface Dordrecht[M]. Kluwer Academic Publishers,2004.

[14]He C Y,Li J G,Wang Y Y,et al. Understanding cultivated land dynamics and its driving forces in northern China during 1983—2001[J]. Journal of Geographical Sciences,2005,15(4):387-395.

[15]Kabir M,Salim R,Al-Mawali N. The gravity model and trade flows:Recent developments in econometric modeling and empirical evidence[J]. Economic Analysis and Policy,2017,56(8),60-71.

[16]Kampala A,Limbin E E. Prediction land-use change[J]. Agricultural Ecosystems & Environment,2001,85:1-6.

[17]Lin L,Ye Z R,Gan M Y,et al. Quality Perspective on the Dynamic Balance of Cultivated Land in Wenzhou,China[J]. Sustainability,2017,9(01):95.

[18]Lin R,Zhu D. A spatial and temporal analysis on land incremental values coupled with land rights in China[J]. Habitat International,2014,44(6):168-176.

[19]Liu X W,Zhao G L,Song W. Review of the evolution of cultivated land protection policies in the period following China's reform and liberalization[J]. Land Use Policy,2017,67(11):660-669.

[20]Long X L,Ulgiati X J S. Is Urbanization Eco-Friendly? An Energy and Land Use Cross-Country Analysis[J]. Energy Policy,2016,15(4):134-323.

[21]Moellering H,Tobler W. Geographical variances[J]. Geographical Analysis,1972,4(1):34-50.

[22]Muter B I,Skolly D,Henderson S,et al. Land Use/Cover Change Science/Leaser Plan,IGBP Report No35,IHDP Report7[J]. Stockholm and Evenki:IGBP of the ICSU and HDP of the ISSC,1995.

[23]Qin W S,Zhang Y F,Li G D. Driving Mechanism of Cultivated Land Transition in Yantai Proper,Shandong Province,China[J]. Chinese Geographical Science,2015,25(3):337-349.

[24]Quan B,Zhu H J,Chen S J,et al. Land Suitability Assessment and Land Use Change in Fujian Province[J]. China. Pedosphere,2007,17(3):493-504.

[25]Robinson D T,Vittorio A D,Alexander P,et al. Modelling feedbacks between human and natural processes in the land system[J]. Earth System Dymatics Discussions,2018,9(2):895-914.

[26]Shen X Q,Wang L P,Wu C F,et al. Local interests or centralized targets? How China's local government implements the farmland policy of Requisition-Compensation Balance[J]. Land Use Policy,2017,67(11):716-724.

[27]Song W,Pijanowski B C. The effects of China's cultivated land balance program on potential land productivity at a national scale[J]. Applied Geography,2014,46(02):158-170.

[28]Song W,Liu M L. Farmland Conversion Decreases Regional and National Land Quality in China[J]. Land Degradation& Development,2017,28(2):459-471.

[29]Ustaoglu E,Perpiña C C,Jacobs-Crisioni C,et al. Economic evaluation of agricultural land to assess land use changes[J]. Land Use Policy,2016,56(3),125-146.

[30]Verburg P,Schot P,Digst M,et al. Land use change modeling:current practice and research priorities[J]. Geo-Journal,2004,61(4):309-324.

[31]Wang J,Chen Y Q,Shao X M,et al. Land-use changes and policy dimension driving forces in China:Present,trend and future[J]. Land Use Policy,2012,29(4):737-749.

[32]Wu D W,Huang J C,Zhang X L,et al. Cultivated land change and its human driving forces based on RS and GIS in Fuzhou,China[C]. 2009 International Conference on Environmental Science and Information Application Technology. IEEE Computer Society,2009:474-480.

[33]Xu X C,Cheng D L,Liu C W. Comparative Study on the Human Driving Force of Cultivated Land and Construction Land Use Change in Hubei Province,China[J]. Asian Agricultural Research,2010,2(3):10-14.

[34]Zhang Y,Li X. Song W. Determinants of cropland abandonment at the parcel,household and village levels in mountain areas of China:A multi-level analysis[J]. Land Use Policy,2014,41(10):186-192.

[35]Zhao J S,Yuan L,Zhang M. A study of the system dynamics coupling model of the driving factors for multi-scale land use change[J]. Environmental Earth Sciences,2016,75(6):516-529.

[36]Zhao G X,Lin G,Fletcher J J,et al. Cultivated land changes and their driving forces——a satellite remote sensing analysis in the Yellow River delta,China[J]. Pedosphere,2004,14(1):93-102.

[37]Zhao G X,Lin G,Fletcher J J. Long-term dynamics of cultivated land resources and their driving forces of Guyuan City in upper reaches of Jinghe River[J]. Chinese Geographical Science,2008,18(1):33-40.

[38]Zhang W Z,Liu Y S. Study on Land Resource Problems and Countermeasures in the Process of Urbanization in China[J]. Regional Views,2001,14:1-8.

[39]阿卜来海提·达吾提,瓦哈甫·哈力克.1978—2010年哈密地区耕地面积变化规律及驱动力分析[J].安徽农业科学,2013,41(2):840-843.

[40]巴哈尔古丽·吾甫尔,瓦哈甫·哈力克.基于主成分分析的巴州耕地利用变化趋势与驱动力[J].干旱区资源与环境,2012,26(3):105-110.

[41]白雪,安放舟.乌鲁木齐市耕地利用变化及驱动力分析[J].安徽农业科学,2006,34(23):6292-6293,6296.

[42]摆万奇，张永民，阎建忠，等．大渡河上游地区土地利用动态模拟分析[J]．地理研究，2005，24(2)：206-212.

[43]摆万奇，赵士洞．土地利用变化驱动力系统分析[J]．资源科学，2001，23(3)：39-41.

[44]邴广路，石培基，居玲华．生态脆弱区土地利用变化及驱动因素分析——以张掖市为例[J]．干旱区研究，2010，27(2)：169-175.

[45]蔡银莺，张安录．武汉市耕地资源非农化过程的时空变化特征分析[J]．中国人口・资源与环境，2004(14)：115-119.

[46]曹祺文，吴健生，仝德，等．基于空间自相关的区域农地变化驱动力研究——以珠三角地区为例[J]．资源科学，2016，38(4)：714-727.

[47]曹雪，金晓斌，王金朔，等．近300年中国耕地数据集重建与耕地利用变化分析[J]．地理学报，2014，81(7)：896-906.

[48]曹银贵，白中科，景明，等．土地利用变化对区域生态服务价值的影响研究[J]．水土保持研究，2013，20(64)：256-261.

[49]曹银贵，王静，程烨，等．三峡库区耕地利用变化研究[J]．地理科学进展，2006，25(6)：117-125.

[50]曹银贵，王静，程烨，等．三峡库区土地利用变化与影响因子分析[J]．长江流域资源与环境，2007，16(6)：748-753.

[51]曹银贵，王静，程烨，等．三峡库区开县30年耕地利用变化分析[J]．中国土地科学，2007，21(1)：43-47.

[52]曹银贵，王静，陶嘉，等．基于CA与AO的区域土地利用变化模拟研究——以三峡库区为例[J]．地理科学进展，2007，26(3)：88-95，129.

[53]曹银贵，王静，刘爱霞，等．基于BP神经网络的三峡库区开县耕地面积预测研究[J]．中国农业资源与区划，2007，28(4)：30-34.

[54]曹银贵，姚林君，郝银，等．区域林地格局、驱动与生态价值研究[J]．水土保持研究，2008，15(2)：73-76.

[55]曹银贵，姚林君，陶金，等．基于GIS与BP神经网络的中国耕地利用变化与模拟研究[J]．干旱区地理，2008，31(5)：765-771.

[56]曹银贵，袁春，周伟，等．中国耕地利用变化的驱动因子及其省域差异分析[J]．中国土地科学，2008，22(2)：17-22.

[57]曹银贵，周伟，乔陆印，等．青海省2000—2008年间城镇建设用地变化及驱动力分析[J]．干旱区资源与环境，2013，27(1)：40-46.

[58]曹银贵，周伟，王静，等．基于主成分分析与层次分析的三峡库区耕地集约利用对比[J]．农业工程学报，2010，26(4)：291-296.

[59]常成，刘霞，张光灿，等．蒙阴县土地利用动态与耕地利用变化驱动力分析[J]．中国水土保持科学，2010，8(1)：65-70.

[60]常存，包安明，李均力．塔里木河四源区耕地时空演变的驱动分析[J]．干旱区研究，2016，

33(2):239-245.

[61]车国庆．我国取消农业税政策取向与对策问题研究[D]. 吉林大学,2005.

[62]车明亮,聂宜民,刘登民,等．区域耕地数量变化预测方法的对比研究[J]. 中国土地科学,2010,24(5):13-18.

[63]陈朝,吕昌河．基于综合指数的湖北省耕地质量变化分析[J]. 自然资源学报,2010,25(12):2018-2029.

[64]陈朝,朱明栋,李翠菊,等．湖北耕地利用变化驱动力分析[J]. 华中农业大学学报(社会科学版),2006(2):39-44.

[65]陈红,吴世新,冯雪力．基于遥感和GIS的新疆耕地利用变化及驱动力分析[J]. 自然资源学报,2010,25(4):614-624.

[66]陈会广,崔娟,陈江龙．常州市耕地数量变化驱动力机制及政策绩效分析[J]. 资源科学,2009,31(5):807-815.

[67]陈凌维,李朝旗,周兴．1978年以来广西耕地数量变化及其驱动因子分析[J]. 广西师范学院学报(自然科学版),2007,24(2):70-75.

[68]陈美球．耕地保护的本质回归[J]. 中国土地,2017(4):12-14.

[69]陈美球,冯黎妮,周丙娟等．农户耕地保护性投入意愿的实证分析[J]. 中国农村观察,2008(5):23-29.

[70]陈美球,洪土林,刘桃菊,等．落实耕地占补产能平衡的思考[J]. 中州学刊,2018(1):39-44.

[71]陈美球,刘桃菊．新时期提升我国耕地保护实效的思考[J]. 农业现代化研究,2018,39(1):1-8.

[72]陈娜,林爱文,刘转花,等．武汉城市圈边缘区域耕地压力与耕地红线研究——以赤壁市为例[J]. 安徽农业科学,2014,42(34):12-23.

[73]陈平,杨武年,石磊,等．基于Dyna-CLUE模型的成都市锦江区土地利用动态模拟研究[J].测绘,2015,38(4):163-166.

[74]陈睿山,蔡运龙．土地变化科学中的尺度问题与解决途径[J]. 地理研究,2010,29(7):1244-1256.

[75]陈肖飞,姚士谋,张落成．1990年以来长江三角洲耕地资源变化及驱动因子研究[J]. 长江流域资源与环境,2015,24(9):1521-1527.

[76]陈佑启．我国耕地利用变化及其对粮食生产的影响[J]. 农业工程学报,2000,16(6):29-32.

[77]陈志刚,黄贤金,卢艳霞,等．农户耕地保护补偿意愿及其影响机理研究[J]. 中国土地科学,2009,23(6):20-25.

[78]程建,程久苗,吴九兴．2000—2010年长江流域土地利用变化与生态系统服务功能变化[J]. 长江流域资源与环境,2017,26(6):894-901.

[79]戴尔阜,马良．土地变化模型方法综述[J]. 地理科学进展,2018,37(1):152-162.

[80]丁武泉．西部欠发达地区耕地动态变化及需求预测研究——以四川省井研县为例[J]. 安徽农业科学,2007,35(33):10801-10803.

[81]董杰,杨达源,刘庆友．三峡库区耕地利用变化及保护开发途径——以重庆市忠县为例[J]. 水土保持通报,2005,25(3):65-68,76.

[82]杜继丰,袁中友．数量视角的巨型城市区域耕地保护政策效果——以珠三角为例[J]. 国土资源科技管理,2013,30(5):96-102.

[83]杜新波,周伟,司慧娟,等．青海省 2000—2008 年间耕地利用变化及驱动力研究[J]. 水土保持研究,2013,20(5):180-186.

[84]杜亚娟,雷国平,刘力玮,等．大庆市耕地利用变化的人文驱动力分析[J]. 国土资源情报,2011(9):45-49.

[85]樊宏,张建平．岷江上游半干旱河谷土地利用/土地覆盖研究[J]. 中国沙漠,2002,22(3):273-278.

[86]范科红,李阳兵．1986—2007 年重庆主城区土地利用变化及其驱动因素研究[J]. 水土保持研究,2012,19(1):168-173.

[87]封志明,刘宝勤,杨艳昭．中国耕地资源数量变化的趋势分析与数据重建:1949—2003 [J]. 自然资源学报,2005,20(1):35-43.

[88]傅伯杰,刘国华,陈利顶,等．中国生态区划方案[J]. 生态学报,2001,21(1):1-6.

[89]傅兆翔．中国粮食消费现状分析及展望[J]. 农业展望,2017,13(5):91-94.

[90]高佳,李世平,宋戈．基于广义多层线性模型的农户土地承包经营权退出意愿[J]. 中国农业大学学报,2017,22(4):162-170.

[91]高志强,易维．基于 CLUE-S 和 Dinamica EGO 模型的土地利用变化及驱动力分析[J]. 农业工程学报,2012,28(16):208-216.

[92]戈大专,龙花楼,杨忍．中国耕地利用转型格局及驱动因素研究——基于人均耕地面积视角[J]. 资源科学,2018,40(2):273-283.

[93]龚健,杨建新,张志,等．中部粮食主产区土地利用变化及其驱动机制研究——以湖北省鄂州市为例[J]. 水土保持研究,2014,21(4):285-289.

[94]龚言浩,甄峰,席广亮．“一带一路”倡议关注与响应的空间格局——基于新浪微博数据的分析[J]. 地域研究与开发,2018,37(2):29-35.

[95]古丽美合日・阿巴斯,阿里木江・卡斯木．新疆库尔勒市城市化发展与耕地资源协调性分析[J]. 水土保持研究,2015,31(4):305-309.

[96]顾朝林．城镇化体系规划:理论・方法・实例[M]. 北京:中国建筑工业出版社,2005.

[97]顾汉龙,刚晨,王秋兵,等．重庆市地票交易的空间分布特征及其影响因素分析[J]. 中国土地科学,2018,32(2):48-54.

[98]郭程轩,甄坚伟．土地利用变化动态模型的比较分析与评价[J]. 国土资源科技管理,2003,20(5):22-26.

[99]郭晓丽,梁志祥,赵银军．山西省长治市耕地动态变化研究[J]. 长春大学学报,2010,20

(2):23-25.
[100]郭雅雯,赵敏娟. 基于STIRPAT模型的陕西省耕地面积变化社会经济驱动力分析[J]. 水土保持研究,2012,19(6):197-201.
[101]郭延凤,于秀波,姜鲁光,等. 基于CLUE模型的2030年江西省土地利用变化情景分析[J]. 地理研究,2012,31(6):1016-1028.
[102]韩德官,廖和平,杨伟,等. 基于回归分析的重庆市长寿区城镇化进程中的耕地保护问题研究[J]. 中国农学通报,2014,30(8):150-155.
[103]韩会然,杨成凤,宋金平. 北京市土地利用变化特征及驱动机制[J]. 经济地理,2015,35(5):148-154,197.
[104]韩力群. 人工神经网络理论、设计及应用[M]. 北京:化学工业出版社,2002:95-96.
[105]郝仕龙,李春静,田颖超,等. 黄土丘陵沟壑脆弱生态区耕地资源价值动态变化研究——以上黄试区为例[J]. 中国生态农业学报,2014,22(7):43-49.
[106]郝仕龙,孟凡玲,柯俊. 黄土丘陵区耕地利用变化与农户经济行为响应[J]. 中国生态农业学报,2007,15(3):172-174.
[107]何宝忠,高敏华,赵军安. 基于马尔科夫模型的吐鲁番市土地覆被动态变化研究[J]. 水土保持研究,2014,21(5):41-48.
[108]何国松,祝国瑞. 基于时空分析的贫困丘陵山区耕地利用变化机理研究[J]. 武汉大学学报(信息科学版),2004,29(6):508-512.
[109]何书金,李秀彬,朱会义,等. 环渤海地区耕地利用变化及动因分析[J]. 自然资源学报,2002,17(3):345-352.
[110]侯圣银. 京津冀地区主要城市土地利用强度研究[D]. 首都经济贸易大学,2017.
[111]侯现慧,王占岐,杨俊,等. 基于库兹涅茨曲线的耕地集约利用对耕地实际产能的影响研究[J]. 长江流域资源与环境,2017,26(7):992-1000.
[112]胡碧松,张涵玥. 基于CA-Markov模型的鄱阳湖区土地利用变化模拟研究[J]. 长江流域资源与环境,2018,27(6):1207-1219.
[113]胡茂桂,傅晓阳,张树清,等. 基于元胞自动机的莫莫格湿地土地覆被预测模拟[J]. 资源科学,2007,30(2):142-148.
[114]胡伟艳,刘恬. 建设占用耕地空间差异的多尺度特征研究——以武汉城市圈为例[J]. 中国土地科学,2017,31(5):38-46.
[115]黄好,朱红波. 成都平原耕地数量变化驱动因子分析——以邛崃市为例[J]. 安徽农业科学,2010,38(2):843-845.
[116]黄娟,刁承泰. 近10年来重庆市耕地利用变化态势分析[C]. 中国土地资源战略与区域协调发展研究论文集,2006:407-411.
[117]黄秋昊,蔡运龙. 国内几种土地利用变化模型述评[J]. 中国土地科学,2005,19(5):25-30.
[118]黄贤金,克江岭. 经济发展、人口增长与耕地资源动态变化研究——以南京市为例[J]. 现

代城市研究，1999，14(3)：16-21.
[119]贾科利，李群．农牧交错区农户耕地利用变化实证分析[J]．中国农学通报，2017，33(27)：107-111.
[120]贾绍凤，张豪禧，孟向京．我国耕地利用变化趋势与对策再探讨[J]．地理科学进展，1997，16(1)：27-33.
[121]姜群鸥，谭蓓，薛筱婵，等．气候情景下典型开垦与退耕区耕地动态变化的定量模拟[J]．农业工程学报，2015，31(9)：271-280.
[122]蒋贵彦，刘峰贵．青海省近50年耕地资源变化及驱动力研究[J]．干旱区资源与环境，2007，21(2)：71-74.
[123]蒋奕廷，蒲波．基于引力模型的成渝城市群吸引力格局研究[J]．软科学，2017，31(2)：98-102.
[124]焦继宗．民勤绿洲土地利用/覆盖时空演变及模拟研究[D]．兰州大学，2012.
[125]鞠正山．基于PSR框架下的中国土地利用变化研究[D]．北京：中国农业大学，2003.
[126]康蕾，马丽，刘毅．中国城镇化与耕地利用变化时空耦合研究[J]．地域研究与开发，2017，36(5)：87-92.
[127]柯新利，邓祥征，刘成武．基于分区异步元胞自动机模型的耕地利用布局优化——以武汉城市圈为例[J]．地理科学进展，2010，29(11)：1442-1450.
[128]孔静静，魏建新．乌鲁木齐市近16年建设用地和耕地利用变化驱动力比较分析[J]．水土保持研究，2014，21(4)：101-106.
[129]孔萌，苏根成，迟文峰．农牧交错带耕地时空动态变化特征及驱动力分析——以乌兰察布市为例[J]．水土保持研究，2014，21(2)：269-272，278.
[130]孔祥斌，张凤荣，徐艳，等．集约化农区耕地利用变化及其驱动机制分析——以河北省曲周县为例[J]．资源科学，2003，25(3)：57-63.
[131]李常斌，杨林山，杨文瑾，等．洮河流域土地利用/土地覆被变化及其驱动机制研究[J]．地理科学，2014，34(7)：848-855.
[132]李春华，李宁，石岳．基于STIRPAT模型的长沙市耕地面积变化驱动因素分析[J]．中国农学通报，2010，26(3)：258-263.
[133]李红波，张小林，吴江国，等．苏南地区乡村聚落空间格局及其驱动机制[J]．地理科学，2014，34(4)：438-446.
[134]李辉霞，陈国阶，何晓蓉．现阶段我国耕地利用变化趋势及其驱动力分析[J]．地域研究与开发，2004，23(3)：98-101.
[135]李加才旦，杨虎德．当前青海藏族自治地区民族关系探析[J]．青海民族研究，2006，17(3)：48-51.
[136]李名勇，晏路明．基于协整理论和前移回归模型的福建省耕地资源变动预测及其驱动机制研究[J]．中国土地科学，2010，24(11)：9，10-14.
[137]李升发，李秀彬．耕地撂荒研究进展与展望[J]．地理学报，2016，83(3)：370-389.

[138]李升发,李秀彬.中国山区耕地利用边际化表现及其机理[J].地理学报,2018,73(5):803-817.

[139]李秀彬.全球环境变化研究的核心领域——土地利用/土地覆被变化的国际研究动向[J].地理学报,1996,63(6):553-558.

[140]李秀彬.中国近20年来耕地面积的变化及其政策启示[J].自然资源学报,1999,14(4):329-333.

[141]李秀彬.土地利用变化的解释[J].地理科学进展,2002,21(3):195-203.

[142]李颖.城市化背景下珠江三角洲耕地利用变化及对农业气候生产潜力的影响[D].广州大学,2011.

[143]李智国.中国耕地利用变化与城市化发展关系综述[J].中国土地科学,2011,24(1):84-88.

[144]李忠锋,王一谋,冯毓荪,等.基于RS与GIS的榆林地区土地利用变化分析[J].水土保持学报,2003,17(2):97-99.

[145]李宗尧,杨桂山.安徽沿江地区耕地数量变化特征及其对粮食安全的影响[J].资源科学,2006,28(6):91-96.

[146]廖姣.基于系统动力学的眉山市东坡区土地利用结构优化研究[D].四川农业大学,2010.

[147]林晓雪.改革开放后我国耕地保护政策的演变及分析[D].华南理工大学,2014.

[148]林志垒.主成分分析、聚类分析在耕地适宜性评价中的应用:以将乐县万安镇为例[J].甘肃教育学院学报(自然科学版),2001,15(2):40-46.

[149]刘丹,巩前文,杨文杰.改革开放40年来中国耕地保护政策演变及优化路径[J].中国农村经济,2018(12):37-51.

[150]刘红梅,张忠杰,王克强.中国城乡一体化影响因素分析——基于省级面板数据的引力模型[J].中国农村经济,2012(8):4-15.

[151]刘纪远,布和敖斯尔.中国土地利用变化现代过程时空特征的研究:基于卫星遥感数据[J].第四纪研究,2000,20(3):229-239.

[152]刘纪远,匡文慧,张增祥,等.20世纪80年代末以来中国土地利用变化的基本特征与空间格局[J].地理学报,2014,69(1):3-14.

[153]刘纪远,张增祥,庄大方,等.20世纪90年代中国土地利用变化时空特征及其成因分析[J].地理研究,2001,22(1):1-12.

[154]刘普幸,张红侠.甘肃张掖市耕地利用变化及驱动力研究[J].土壤,2003,35(6):485-489.

[155]刘贤赵,杜国云.烟台地区耕地资源流向及宏观驱动机制研究[J].水土保持学报,2003,24(6):22-26.

[156]刘祥鑫,蒲春玲,闫志明,等.乌鲁木齐市耕地面积变化态势及驱动机制分析[J].中国农业资源与区划,2017,37(3):47-51.

[157]刘欣，赵艳霞，冯晓淼，等．基于 CLUE-S 模型的多目标土地利用格局模拟与优化——以河北省廊坊市北三县为例[J]．地理与地理信息科学，2018，34(5)：92-98.

[158]刘旭华，王劲峰，刘纪远，等．国家尺度耕地利用变化驱动力的定量分析方法[J]．农业工程学报，2005，21(4)：56-60.

[159]刘旭华，王劲峰，刘明亮，等．中国耕地利用变化驱动力分区研究[J]．中国科学(D 辑：地球科学)，2005，35(11)：1087-1095.

[160]刘彦随，乔陆印．中国新型城镇化背景下耕地保护制度与政策创新[J]．经济地理，2014，34(4)：1-6.

[161]刘彦随，王介勇，郭丽英．中国粮食生产与耕地利用变化的时空动态[J]．中国农业科学，2009，42(12)：4269-4274.

[162]刘耀林，刘艳芳，张玉梅．基于灰色-马尔柯夫链预测模型的耕地需求量预测研究[J]．武汉大学学报(信息科学版)，2004，48(7)：75-79.

[163]刘英，李世平，张传新，等．杨凌示范区耕地利用变化驱动力分析[J]．商业研究，2010(3)：194-195.

[164]刘颖，周宝同，于晓凤，等．21 世纪以来四川省耕地利用变化驱动因素及耕地利用效率定量研究[J]．四川农业大学学报，2015，33(2)：237-244.

[165]刘永强，龙花楼．黄淮海平原农区土地利用转型及其动力机制[J]．地理学报，2016，71(4)：666-679.

[166]龙花楼，李婷婷．中国耕地和农村宅基地利用转型耦合分析[J]．地理学报，2012，67(2)：201-210.

[167]龙花楼，邹健．中国耕地利用变化驱动下的粮食生产：安全格局分析(英文)[J]．Journal of Resources and Ecology，2010，1(1)：60-67.

[168]龙开胜，陈利根．耕地资源数量与经济发展和城乡收入关系的计量分析[J]．资源科学，2007，29(4)：139-145.

[169]龙开胜，陈利根．占小林．不同利用类型土地投入产出效率的比较分析——以江苏省耕地和工业用地为例[J]．中国人口・资源与环境，2008，18(5)：174-178.

[170]鲁春阳，杨庆媛，文枫，等．重庆都市区耕地面积变化与经济发展相关性的实证分析[J]．西南大学学报(自然科学版)，2008，30(10)：146-150.

[171]陆汝城，黄贤金，左天惠，等．基于 CLUE-S 和 Markov 复合模型的土地利用情景模拟研究一以江苏省环太湖地区为例[J]．地理科学，2009，29(4)：577-581.

[172]陆文涛，代超，郭怀成．基于 Dyna-CLUE 模型的滇池流域土地利用情景设计与模拟[J]．地理研究，2015，34(9)：1619-1629.

[173]罗芳琼，吴春梅．时间序列分析的理论与应用综述[J]．柳州师专学报，2009，24(3)：113-117.

[174]罗瑾，刘勇．山地城市空间扩展的特征及模拟研究——以重庆市主城区为例[D]．重庆：西南大学，2014.

[175]吕晓,黄贤金,陈志刚,等. 中国耕地保护政策的粮食生产绩效分析[J]. 资源科学,2010,32(12):2343-2348.

[176]马利邦,牛叔文,杨丽娜. 基于 Markov 和 CLUE-S 模型的敦煌市土地利用/覆盖格局情景模拟[J]. 生态学杂志,2012,31(7):1823-1831.

[177]蒙吉军,李正国. 河西走廊张掖绿洲 LUCC 的驱动力分析[J]. 地理科学,2003,23(4):464-470.

[178]孟鹏,郝晋珉,周宁,等. 黄淮海平原城镇化对耕地利用变化影响的差异性分析[J]. 农业工程学报,2013,29(22):1-10.

[179]聂英. 中国粮食安全的耕地贡献分析[J]. 经济学家,2015(1):83-93.

[180]牛海鹏,张安录. 基于生态位理论的耕地数量变化驱动机制分析[J]. 资源科学,2008,30(10):1533-1540.

[181]彭凌,丁恩俊,谢德体. 中国耕地数量变化与耕地保护政策关系的实证分析[J]. 西南大学学报(自然科学版),2011,33(11):103-110.

[182]濮励杰,周峰,彭补拙. 长江三角洲地区县域耕地利用变化驱动要素研究——以原锡山市为例[J]. 南京大学学报(自然科学版),2002,38(6):779-785.

[183]祁元,王一谋,王建华,等. 宁夏土地利用时空变化及其驱动机制[J]. 冰川冻土,2005,27(6):899-906.

[184]钱春蕾,叶菁,陆潮. 基于改进城市引力模型的武汉城市圈引力格局划分研究[J]. 地理科学进展,2015,34(2):237-245.

[185]乔伟峰,孙在宏,邵繁荣,等. 高度城市化区域土地利用结构演化与驱动因素分析——以苏州市为例[J]. 长江流域资源与环境,2012,21(5):557-564.

[186]秦钟,章家恩,骆世明. 基于系统动力学的土地利用变化研究[J]. 华南农业大学学报,2009,30(1):89-93.

[187]仇恒佳,卞新民,张卫健,等. 环太湖耕地利用变化与驱动机制研究——以苏州市吴中区为例[J]. 土壤,2006,38(4):390-395.

[188]曲福田,吴丽梅. 经济增长与耕地非农化的库兹涅茨曲线假说及验证[J]. 资源科学,2004,26(5):61-67.

[189]任淑花,卢新卫. 耕地资源与城市化发展的计量和协调性分析[J]. 干旱地区农业研究,2008,26(1):171-174.

[190]邵景安,陈兰,李阳兵,等. 未来区域土地利用驱动力研究的重要命题:尺度依赖[J]. 资源科学,2008,30(1):58-63.

[191]邵晓梅,杨勤业,张洪业. 山东省耕地利用变化趋势及驱动力研究[J]. 地理研究,2001,20(3):298-306.

[192]佘国强. 湖南省耕地利用变化特点、驱动力及可持续利用研究[J]. 中国农业资源与区划,2005,26(1):11-14.

[193]盛晟,刘茂松,徐驰,等. CLUE-S 模型在南京市土地利用变化研究中得应用[J]. 生态学杂

志,2018,27(2):235-239.

[194]施毅超. 基于粮食安全、经济发展和生态安全的长江三角洲地区耕地保护研究[D]. 南京农业大学,2007.

[195]石瑞香,康慕谊. NECT 上农牧交错区耕地利用变化及其驱动力分析[J]. 北京师范大学学报(自然科学版),2000,45(5):700-705.

[196]史娟,张凤荣,赵婷婷. 1998—2006 年中国耕地的时空变化特征[J]. 资源科学,2008,30(8):1191-1198.

[197]史利江,王圣云,姚晓军,等. 1994—2006 年上海市土地利用时空变化特征及驱动力分析[J]. 长江流域资源与环境,2012,21(12):1468-1479.

[198]史洋洋,吕晓,黄贤金,等. 江苏省沿海地区耕地利用转型及其生态系统服务价值变化响应[J]. 自然资源学报,2017,32(6):961-976.

[199]宋鄂平,荆青青,宋岚,等. 武汉市耕地利用变化·驱动力分析及预测[J]. 安徽农业科学,2006,34(24):6591-6592,6594.

[200]宋戈,王越,雷国平,等. 松嫩高平原黑土区耕地资源安全的驱动机制分析[J]. 农业工程学报,2013,29(21):241-248.

[201]宋蕾,曹银贵. 中国耕地利用变化文献分析:数量特征、研究区域与文献来源[J]. 中国农业资源与区划,2018,39(1):31-40.

[202]宋蕾,曹银贵,周伟,等. 基于 SD 模型的三峡库区快速城镇化地区耕地利用模拟研究[J]. 长江流域资源与环境,2018,27(4):818-827.

[203]宋小青,吴志峰,欧阳竹. 1949 年以来中国耕地功能变化[J]. 地理学报,2014,69(4):435-447.

[204]孙克,聂坚,游细斌,等. 长江中游城市群生产性服务业的分工特征及空间效应分析[J]. 经济地理,2018,38(2):123-132.

[205]孙强,蔡运龙,王乐. 北京耕地流失的时空特征与驱动机制[J]. 资源科学,2007,29(4):158-163.

[206]孙蕊,孙萍,吴金希,等. 中国耕地占补平衡政策的成效与局限[J]. 中国人口. 资源与环境,2014,25(3):41-46.

[207]孙小祥,杨桂山,欧维新,等. 太湖流域耕地利用变化及其对生态服务功能影响研究[J]. 自然资源学报,2014,29(10):12-16.

[208]孙燕,林振山,刘会玉. 中国耕地数量变化的突变特征及驱动机制[J]. 资源科学,2006,28(5):57-61.

[209]谈明洪,吕昌河. 城市用地扩展与耕地保护[J]. 自然资源学报,2005,20(1):52-58.

[210]谭术魁,张红霞. 基于数量视角的耕地保护政策绩效评价[J]. 中国人口·资源与环境,2010,20(4):153-158.

[211]谭术魁,张路,齐睿. 基于系统动力学的区域耕地压力指数研究[J]. 自然资源学报,2012,27(5):757-765.

[212]谭永忠，何巨，岳文泽，等．全国第二次土地调查前后中国耕地面积变化的空间格局[J]．自然资源学报，2017，32(2)：186-197.
[213]谭永忠，吴次芳，王庆日，等．“耕地总量动态平衡”政策驱动下中国的耕地利用变化及其生态环境效应[J]．自然资源学报，2005，20(5)：727-734.
[214]唐常春，陈烈，魏成．大都市边缘区域耕地数量变化的时空特征及动力机制——以广州市花都区为例[J]．资源科学，2006，28(5)：43-49.
[215]唐华俊，李哲敏．基于中国居民平衡膳食模式的人均粮食需求量研究[J]．中国农业科学，2012，45(11)：2315-2327.
[216]唐忠，魏素豪．我国耕地保护补偿：研究进展、主要争论与理论解释[J]．农村经济，2018(5)：1-7.
[217]田兵．系统聚类法及其应用研究[J]．阴山学刊(自然科学版)，2014，28(2)：11-16.
[218]田光进，庄大方，刘明亮．近10年中国耕地资源时空变化特征[J]．地球科学进展，2003，18(1)：30-36.
[219]田源，塔西甫拉提·特依拜，丁建丽，等．新疆于田县耕地动态变化驱动力定量研究[J]．干旱区资源与环境，2009，23(3)：67-72.
[220]瓦哈甫·哈力克，海米提·依米提，塔西甫拉提·特依拜，等．绿洲耕地利用变化趋势及其驱动力——塔里木盆地南部策勒绿洲为例[J]．地理学报，2004，59(4)：608-614.
[221]汪朝辉，王克林，蒋凌燕，等．湖南省耕地动态变化与可持续利用对策研究[J]．热带地理，2003，23(3)：255-259.
[222]汪春燕．从人口学角度看青海民族关系问题[J]．青海民族学院学报(社会科学版)，2002，28(2)：43-46.
[223]汪微，景高了，石鹏，等．耕地利用变化与人文驱动因素的灰色关联分析——以襄樊市为例[J]．华中师范大学学报(自然科学版)，2008，42(4)：636-640.
[224]汪燕衍，梅昀．湖北省宜都市耕地利用变化与驱动机制[J]．国土资源科技管理，2010，27(4)：20-26.
[225]王冬银．城市化进程中耕地保护经济补偿模式研究[D]．西南大学，2013.
[226]王国刚，刘彦随，陈秧分．中国省域耕地集约利用态势与驱动力分析[J]．地理学报，2014，69(7)：907-914.
[227]王健，朱道林，陈正．国家统筹补充耕地机制研究[J]．中国土地，2017(8)：27-29.
[228]王磊，刘逢媛，李双成，等．耕地非农化格局的演变及其影响因子分析——以京津冀都市圈为例[J]．中国土地科学，2008，22(1)：32-38.
[229]王莉．青海：土地整理主推新农村建设[N]．西部时报，2007.
[230]王莉．青海开展土地整理项目质量评比[N]．中国国土资源报，2007.
[231]王琳，吴业，杨桂山，等．基于STIRPAT模型的耕地面积变化及其影响因素[J]．农业工程学报，2008，24(12)：196-200.
[232]王秋香．佛山市耕地利用变化驱动机理及空间布局优化研究[D]．南京大学，2011.

[233]王瑞发,夏非,张永战．青岛市近10年来耕地利用变化及其驱动力分析[J]. 水土保持研究,2013,20(2):108-114.

[234]王万茂,韩桐魁．土地利用规划学[M]. 北京:中国农业出版社,2002:65-68.

[235]王秀兰,包玉海．土地利用动态变化研究方法探讨[J]. 地理科学进展,1999,18(1):81-87.

[236]王茁,卓成刚,黄凯丽．政策工具视角下的中国耕地保护路径与特征——基于1986—2017年政策文本的量化分析[J]. 湖北农业科学,2018,57(13):109-116.

[237]魏洪斌,罗明,鞠正山,等．基于文献数据统计的中国土地整治研究现状与趋势分析[J]. 土壤通报,2016,47(6):29-36.

[238]魏伟,颉耀文．基于CLUE-S和Markov模型的石羊河流域土地利用空间优化配置研究[D]. 兰州大学,2018.

[239]邬建国．景观生态学:格局、过程、尺度与等级[M]. 北京:高等教育出版社,2007.

[240]吴春辉,朱成立,彭义．关中地区耕地利用变化驱动因素及预测模型[J]. 江苏农业科学,2014,42(4):281-284.

[241]吴大放,刘艳艳,董玉祥,等．我国耕地数量、质量与空间变化研究综述．[J] 热带地理,2010,31(2):108-113.

[242]吴大放,刘艳艳,王朝晖．基于Logistic-CA的珠海市耕地利用变化机理分析[J]. 经济地理,2014,34(1):140-147.

[243]吴健生,冯喆,高阳,等．CLUE-S模型应用进展与改进研究[J]. 地理科学进展,2012,31(1):3-10.

[244]吴江红．关于青海省东部农业区退耕还林工程后续产业发展的思考[J]. 河北农业科学,2008,12(6):114-115.

[245]吴美琼,陈秀贵．基于主成分分析法的钦州市耕地面积变化及其驱动力分析[J]. 地理科学,2014,34(1):54-59.

[246]吴佩林,鲁奇,王国霞．近20年来北京市耕地面积变化及其相关社会经济驱动因素分析[J]. 中国人口·资源与环境,2004,14(3):111-117.

[247]吴群,郭贯成．城市化水平与耕地面积变化的相关研究——以江苏省为例[J]. 南京农业大学学报,2002,25(3):95-99.

[248]吴文婕,石培基,胡巍．干旱区绿洲城市化发展与耕地保护协同性分析——以张掖市甘州区为例[J]. 地理科学进展,2011,30(5):21-26.

[249]吴霞,王世荣,尚红莺,等．宁夏近18年来耕地面积动态变化及驱动力分析[J]. 中国农业资源与区划,2017,38(8):98-104.

[250]吴业,杨桂山,万荣荣,等．苏州市耕地面积变化的社会经济驱动力差异性分析[J]. 地理与地理信息科学,2007,23(2):75-79.

[251]吴泽斌,刘卫东,罗文斌,等．我国耕地保护的绩效评价及其省际差异分析[J]. 自然资源学报,2009,24(10):1785-1793.

[252]吴兆娟，倪九派，魏朝富．三峡工程胁迫下重庆库区耕地利用变化及其机制研究[J]．西南大学学报(自然科学版)，2011，33(3)：50-57.

[253]武泉．西部欠发达地区耕地动态变化及需求预测研究——以四川省井研县为例[J]．安徽农业科学，2007，35(33)：10801-10803.

[254]肖丽群，陈伟，吴群，等．未来10年长江三角洲地区耕地数量变化对区域粮食产能的影响——基于耕地质量等别的视角[J]．自然资源学报，2012，27(4)：565-576.

[255]肖思思，吴春笃，储金宇．近15年中国耕地驱动因素的空间差异分析[J]．中国土地科学，2013，27(7)：55-61.

[256]谢花林，刘黎明，李波，等．土地利用变化的多尺度空间自相关分析[J]．地理学报，2006，61(4)：389-400.

[257]谢林展，聂鑫．基于ABM模型的农户生态移民政策与土地利用变化模拟研究：以广西隆安县为例[D]．广西大学，2018.

[258]熊华，刘耀林，车珊珊，等．基于支持向量机的土地利用变化模拟模型[J]．武汉大学学报(信息科学版)，2009，34(3)：366-369.

[259]徐昌瑜．基于引力模型的城市郊区城镇土地利用增长及其空间耦合研究[D]．南京大学，2013.

[260]徐国良，蔡少燕，杨木壮．1998—2013年佛山市耕地利用变化及驱动力分析[J]．安徽农业科学，2016，44(3)：249-252.

[261]徐珊，宋戈，王越，等．东北粮食主产区耕地资源变化驱动机制及其对粮食产量的影响[J]．水土保持通报，2014，34(2)：218-223，229.

[262]徐志瑞，王雨生，孙庆卫，等．云南省近10年耕地利用变化的驱动力研究[J]．青岛农业大学学报(自然科学版)，2011，28(2)：150-153.

[263]许恒周，吴冠岑，郭玉燕．耕地非农化与中国经济增长质量的库兹涅茨曲线假说及验证——基于空间计量经济模型的实证分析[J]．中国土地科学，2014，28(1)：75-81.

[264]许婧雪，曹银贵．基于文献数据统计的中国耕地利用变化研究[J]．浙江农业科学，2016，57(9)：1365-1370.

[265]许丽丽，李宝林，袁烨城，等．2000—2010年中国耕地利用变化与耕地占补平衡政策效果分析[J]．资源科学，2015，37(8)：1543-1551.

[266]许联芳，张建新，陈坤，等．基于SD模型的湖南省土地利用变化情景模拟[J]．热带地理，2014，34(6)：859-867.

[267]许月卿，李秀彬．河北省耕地数量动态变化及驱动因子分析[J]．资源科学，2001，23(5)：28-32.

[268]玄扬，王汝凉．BP神经网络的双重优化的改进研究[J]．广西师范学院学报(自然科学版)，2018，35(1)：60-65.

[269]郇红艳，孙君．中部地区耕地非农化及其驱动因子的灰色关联分析——以安徽省阜阳市为例[J]．水土保持通报，2012，32(1)：82-88.

[270]郁红艳,谭清美,朱平. 城乡一体化进程中耕地利用变化的驱动因素及区域比较[J]. 农业工程学报,2013,29(21):201-213.

[271]闫慧敏,刘纪远,黄河清,等. 城市化和退耕还林草对中国耕地生产力的影响[J]. 地理学报,2012,67(5):79-88.

[272]严岩,赵景柱,王延春,等. 我国耕地资源损失的驱动力分析[J]. 生态学杂志,2005,24(7):817-822.

[273]杨春艳,沈渭寿,王涛. 近30年西藏耕地面积时空变化特征[J]. 农业工程学报,2015,31(1):264-271.

[274]杨桂山. 长江三角洲50年耕地数量变化的过程与驱动机制研究[J]. 自然资源学报,2001,16(2):121-127.

[275]杨骥,裴久渤,汪景宽. 耕地质量下降与保护研究——基于土地法学的视角[J]. 中国土地,2016(9):28-29.

[276]杨立,王博祺,等. 改革开放以来我国耕地保护绩效定量研究——基于数量保护的视角[J]. 农机化研究,2015,37(3):1-6.

[277]杨乔媚,赵串串,丁绍兰,等. 青海湟水河流域退耕还林政策实施效益分析[J]. 林业经济问题,2009,29(5):443-448.

[278]杨勇,邓祥征,李志慧,等. 2000—2015年华北平原土地利用变化对粮食生产效率的影响[J]. 地理研究,2017,36(11):1-12.

[279]姚慧敏,张玉婷. 县域耕地资源利用变化与保护对策研究——以垦利县为例[J]. 中国农学通报,2009,25(15):240-244.

[280]姚远,李效顺,曲福田,等. 中国经济增长与耕地资源变化计量分析[J]. 农业工程学报,2012,28(14):209-215.

[281]叶长盛,董玉祥. 珠江三角洲小城镇耕地动态变化研究[J]. 农业系统科学与综合研究,2006,22(2):117-120,124.

[282]叶剑平. 对城镇化进程中土地管理制度改革的建议[J]. 中国土地,2015(6):10-12.

[283]叶青青,刘艳芳,刘耀林,等. 基于多层线性模型的湖北省县域建设用地集约利用影响因素研究[J]. 中国土地科学,2014,28(8):33-39,97.

[284]叶玉瑶,张虹鸥,刘凯,吴旗韬. 地理区位因子对建设用地扩展的影响分析——以珠江三角洲为例[J]. 地理科学进展,2010,29(11):1433-1441.

[285]易玲,张增祥,汪潇,等. 近30年中国主要耕地后备资源的时空变化[J]. 农业工程学报,2013,28(6):1-12.

[286]于伯华,吕昌河. 城市边缘区耕地面积变化时空特征及其驱动机制——以北京市顺义区为例[J]. 地理科学,2008,28(3):348-353.

[287]俞纯绅,张妙玲,李秉柏,等. 长江三角洲地区耕地利用变化遥感调查[J]. 中国农业资源与区划,1998,19(5):4-8.

[288]于东波. 基于土地利用的生态服务价值变化研究[D]. 河北农业大学,2015.

[289]余建英,何旭宏. 数据统计分析与 SPSS 应用[M]. 北京:人民邮电出版社,2003.
[290]于杰,宁静,董芳辰,等. 1950—2013 年三江平原东北部耕地分布变化特征分析[J]. 干旱区资源与环境,2017,31(12):79-86.
[291]于天,曹银贵,许婧雪. 基于不同尺度的中国耕地利用变化驱动力研究进展[J]. 中国农学通报,2016,32(24):194-198.
[292]俞勇军,陆玉麒. 江阴市耕地利用变化驱动因素及耕地利用效率定量研究[J]. 经济地理,2002,22(4):440-443,447.
[293]于元赫,李子君. 山东省耕地利用集约度时空变化及政策启示[J]. 中国土地科学,2017,31(4):52-60.
[294]郧文聚,杨晓艳. 中国城市化进程中的耕地保护[J]. 资源与产业,2007,13(5):55-59.
[295]臧文如. 中国粮食财政直接补贴政策对粮食数量安全的影响评价研究[D]. 四川农业大学,2012.
[296]曾祥坤,李贵才,王仰麟,等. 基于 logistic 曲线的快速城市化地区耕地利用变化人文驱动力建模——以深圳市为例[J]. 资源科学,2009,31(4):604-611.
[297]翟文侠,黄贤金. 我国耕地保护政策运行效果分析[J]. 中国土地科学,2003,17(2):8-13.
[298]战金艳,史娜娜,邓祥征. 江西省耕地转移驱动机理[J]. 地理学报,2010,65(4):485-493.
[299]张春玲,任志远. 西安市耕地利用变化驱动力研究[J]. 干旱区资源与环境,2003,17(6):55-59.
[300]张冠华,张平仓,张晓峰. 三峡库区土地利用/覆被变化及其驱动力研究进展[J]. 中国水土保持,2017,38(5):47-51.
[301]张桂宾,王安周,耿秀丽. 河南省耕地利用变化及其人文驱动力研究[J]. 水土保持研究,2007,14(4):65-68.
[302]张晗,赵小敏,欧阳真程,等. 多尺度下的南方山地丘陵区耕地质量空间自相关分析——以江西省黎川县为例[J]. 中国生态农业学报,2018,26(2):263-273.
[303]张豪,罗亦泳,张立亭,等. 基于遗传算法最小二乘支持向量机的耕地利用变化预测[J]. 农业工程学报,2009,25(7):226-231.
[304]张景芳,刁承泰,刘贵芬,等. 重庆市近十年耕地利用变化过程及其与经济发展关系研究[J]. 水土保持研究,2007,14(2):272-274,276.
[305]张兰生,方修琦,任国玉,等. 我国北方农牧交错带的环境演变[J]. 地学前缘,1997,4(Z1):131-140.
[306]张乐勤,陈发奎. 基于 Logistic 模型的中国城镇化演进对耕地影响前景预测及分析[J]. 农业工程学报,2014,30(4):1-11.
[307]张磊,吴炳方,朱亮,等. 三峡工程建设期库区耕地的时空变化及驱动力分析[J]. 地球信息科学学报,2011,13(3):297-304.
[308]张良悦,师博,刘东. 城市化进程中农地非农化的政府驱动——基于中国地级以上城市面板数据的分析[J]. 当代经济科学,2008,30(3):33-41,125.

[309]张琳,张凤荣,薛永森,等. 中国各省耕地数量占补平衡趋势预测[J]. 资源科学,2007,29(6):114-119.

[310]张淼,金涛. 江苏省耕地利用时空格局演变分析[J]. 江苏农业科学,2013,41(6):343-346.

[311]张琦,周国富,蔡雄飞. 喀斯特山区土地利用变化图谱分析及驱动力研究——以盘县为例[D]. 贵州师范大学,2017.

[312]张沁文,王学萌,聂宏声. 农村经济灰色系统分析——模型、方法、应用[M]. 北京:学术期刊出版社,1989.

[313]张秋菊,傅伯杰,陈利顶,等. 黄土丘陵沟壑区县域耕地利用变化驱动要素研究——以安塞县为例[J]. 水土保持学报,2003,17(4):146-148,152.

[314]张荣天,焦华富. 中国省际耕地利用效率时空格局分异与机制分析[J]. 农业工程学报,2015,31(2):277-287.

[315]张庶,金晓斌,魏东岳,等. 土地整治项目绩效评价指标设置和测度方法研究综述[J]. 中国土地科学,2014,28(7):90-96.

[316]张涛,梅昀. 公安县耕地利用变化及驱动力分析[J]. 农业与技术,2010,30(3):88-93.

[317]张婷,骆希,蔡海生. 江西省耕地的动态变化及驱动因子[J]. 水土保持通报,2014,34(3):305-310.

[318]张希彪,上官周平. 陇东黄土高原耕地利用变化趋势及驱动因子分析[J]. 水土保持通报,2006,26(4):16-20,81.

[319]张晓玲,关欣,文倩. 中南丘陵区县(市)域耕地面积变化特征及驱动力分析——以湖南醴陵市为例[J]. 西北农林科技大学学报(自然科学版),2007,35(1):138-142,147.

[320]张效军,欧名豪,李景刚. 我国耕地保护制度变迁及其绩效分析[J]. 社会科学,2007,29(8):13-20.

[321]张星星,刘勇,岳文泽. ABM 支持下的城市增长边界划定研究——以重庆为例[J]. 现代城市研究,2018,03:123-131.

[322]张星星,曾辉. 基于多尺度主成分面板模型的中国耕地压力动态变化及驱动力分析[J]. 中国人口. 资源与环境,2014,24(S3):204-208.

[323]张延军,刘彦彤,李月芬. 吉林省西部耕地动态变化及驱动力研究[J]. 中国农学通报,2013,29(5):92-96.

[324]张永民,赵士洞. P. H. Verburg. CLUE-S 模型及其在奈曼旗土地利用时空动态变化模拟中的应用[J]. 自然资源学报,2013,18(3):310-318.

[325]张永民,赵士洞,钟林生. 近 50 年赤峰市耕地动态变化研究[J]. 资源科学,2002,24(5):19-25.

[326]张瑜. 新疆不同尺度土地利用/覆盖变化与驱动机制研究[D]. 华中农业大学,2015.

[327]张圆刚,周秉根,王心源,等. 芜湖市耕地利用变化驱动机制与保护对策研究[J]. 资源环境与工程,2005,19(4):345-349.

[328]赵翠薇,濮励杰. 贵州省50年来耕地资源数量变化特征及其与粮食产量的关系研究[J]. 南京大学学报(自然科学),2005,41(1):105-112.

[329]赵杰,赵士洞,郑纯辉. 奈曼旗20世纪80年代以来土地覆盖/利用变化研究[J]. 中国沙漠,2004,24(3):317-322.

[330]赵连武. 陕西省米脂县耕地动态变化与粮食安全研究[D]. 西北农林科技大学,2009.

[331]赵锐锋,王福红,张丽华,等. 黑河中游地区耕地景观演变及社会经济驱动力分析[J]. 地理科学,2017,37(6):920-928.

[332]赵伟,黄婧,范莉,等. 重庆近5年耕地集约利用水平变化研究[J]. 西南大学学报(自然科学版),2013,35(7):115-120.

[333]赵小汎,代力民,陈文波,等. 耕地与建设用地变化驱动力比较分析[J]. 地理科学,2008,28(2):214-218.

[334]赵晓丽,张增祥,汪潇,等. 中国近30年耕地利用变化时空特征及其主要原因分析[J]. 农业工程学报,2014,30(3):1-11.

[335]郑海霞,封志明. 中国耕地总量动态平衡的数量和质量分析[J]. 资源科学,2003,25(05):33-39.

[336]郑海霞,童菊儿,徐扬. 发达地区耕地资源的时空变化及其驱动力实证研究[J]. 农业工程学报,2007,23(4):75-78.

[337]郑海霞,童菊儿,郑朝洪,等. 东南沿海经济发达地区耕地数量的动态变化及其驱动力研究——以绍兴市为例[J]. 长江流域资源与环境,2007,16(4):35-39.

[338]郑筠,张兆安. 湖南省耕地利用变化的驱动力筛选和驱动机制分析[J]. 国土资源科技管理,2014,31(1):48-54.

[339]钟海玥,张安录. 基于分层线性模型的武汉城市圈农地城市流转经济驱动机制研究[J]. 经济地理,2014,34(5):76-82.

[340]钟太洋,黄贤金,陈逸. 基本农田保护政策的耕地保护效果评价[J]. 中国人口·资源与环境,2012,22(1):90-95.

[341]周锐,苏海龙,王新军,等. 基于CLUE-S模型和Markov模型的城镇土地利用的变化模拟预测——以江苏省常熟市辛庄镇为例[J]. 资源科学,2011,33(12):2262-2270.

[342]周锐,苏海龙,王新军,等. CLUE-S模型对村镇土地利用变化的模拟与精度评价[J]. 长江流域资源与环境,2012,21(2):174-180.

[343]周文芳,李民. 逐步回归分析法的一点不足之处[J]. 西北水电,2004(4):49-50.

[344]周翔,韩骥,孟醒,等. 快速城市化地区耕地流失的时空特征及其驱动机制综合分析——以江苏省苏锡常地区为例[J] 资源科学,2014,36(6):1191-1202.

[345]周小平,席炎龙,钟玲. 农户耕地保护意愿影响因素研究[J]. 地域研究与开发,2017,36(1):164-169.

[346]周扬,杨飞,田森. 基于灰色关联分析的城乡结合部耕地数量变化驱动因素研究——以河南省内黄县为例[J]. 河南财政税务高等专科学校学报,2015,29(4):11-14.

[347]周翼虎，程久苗，费罗成，等．芜湖市快速城市化过程中耕地利用变化研究[J]．中国农业资源与区划，2016，37(6)：57-62.

[348]周宇，龙华．基于改进 Markov 模型的预测推荐系统研究[D]．昆明理工大学，2013.

[349]朱超洪，刘定惠．安徽省近 10 年耕地动态变化特征及驱动因子分析[J]．安徽农学通报，2007，13(24)：4-6.

[350]朱道林．严格规范补充耕地国家统筹[J]．中国土地，2017(03)：6-8.

[351]朱红波，张安录．中国耕地压力指数时空规律分析[J]．资源科学，2007，29(2)：104-108.

[352]朱会义，何书金，张明．环渤海地区土地利用变化的驱动力分析[J]．地理研究，2001，20(6)：669-678.

[353]邹艺，张文秀．重庆市耕地利用变化趋势预测[J]．合作经济与科技(经济/产业版)，2014(9)：12-14.